ANNELIE NAUMANN
MATTHIAS KAMANN

CORONA-KRIEGER

Verschwörungsmythen
und die Neuen Rechten

DAS NEUE BERLIN

Inhalt

DIE AFD IN DER PANDEMIE

BEDROHUNGEN

Vorwort von Micha Brumlik

Nein, weder entpuppen sich alle Coronaleugner als Antisemiten noch alle Antisemiten als »Querdenker«, gleichwohl: Indem »Querdenker« und Coronaleugner ihre Weltanschauung vertreten, haben sie an einem strukturell antisemitischen Weltbild teil. Denn: »Verschwörungsmythen« – so eine entscheidende Passage im hier vorliegenden Buch – »kursierten schon oft in Zeiten großer Seuchen – und besagten immer wieder, dass das Unheil auf jüdische Machenschaften zurückzuführen wäre. [...] Fast immer, wenn in der westlichen Welt finstere Bestrebungen geheimer Zirkel zulasten der breiten Bevölkerung behauptet wurden, sollten am Ende jüdische Kreise dahinter stecken. Das ›internationale Finanzjudentum‹, die ›Weisen von Zion‹ oder eine ›zionistische Weltverschwörung‹ sollten für alles reale oder eingebildete Elend dieser Welt verantwortlich sein.«

Das aber ist ein Glaube, der so nur im christlichen Abendland geprägt wurde: Wurden doch Jüdinnen und Juden im Mittelalter, als in Europa die Pest wütete – da aufgrund ihrer religiösen Hygienevorschriften minder von der Seuche belastet –, zudem als Gottesmörder für deren Wüten verantwortlich gemacht. Jahrhunderte später, seit Ende des 19. Jahrhunderts reagierte der moderne Antisemitismus auf die krisenhafte Entwicklung der kapitalistischen Moderne: auf Industrialisierung, Modernisierung, den Verlust verbindlicher Weltbilder sowie die Versachlichung menschlicher Beziehungen. Diesem Weltbild erschienen »die Juden« in einer paranoiden, verschwörungstheoretischen Sicht der Dinge – wie sie in den 1897 vom zaristischen Geheimdienst verfassten »Protokollen der Weisen von Zion« zum Ausdruck kommen – als die eigentlichen »Strippenzieher« und geheimen Herrscher gesellschaftlicher Verhältnisse. Bei alledem galten die Juden im modernen Antisemitismus nicht mehr – wie im spätantiken und mittelalterlichen Antijudaismus – als »Gottesmörder«, sondern als geborene »Zersetzer«. Und das in allen sozialen Bereichen: sei doch die traditionale Handwerks- und bäuerliche Wirtschaft durch das Geld, seien Religion und Sitte durch Wissenschaft und Aufklärung zersetzt worden; des Weiteren, so die antisemitische Weltanschauung, würden »die Juden« den Staat durch Verrat und Illoyalität, Ablehnung jedweder Autorität, durch unbotmäßigen Journalismus, sowie Volk und »Rasse« durch Einbringen »kranken Blutes« existentiell gefährden.

Wie sehr diese biologistische Sichtweise das spätere Mordprogramm des Nationalsozialismus prägte, wird bereits aus einer Polemik des Göttinger Altphilologen Paul de Lagarde (1827–1891) deutlich, der seinen Judenhass mit der Semantik der damals entstehenden Hygienewissenschaft zum Schnitt brachte:

»Es gehört«, so Lagarde in einer Ende der 1880er Jahre verfassten Polemik gegen liberale Gelehrte, »ein Herz von der Härte der Krokodilhaut dazu, [...] um die Juden nicht zu hassen [...], um diejenigen nicht zu hassen und zu verachten, die – aus Humanität! – diesen Juden das Wort reden, oder die zu feige sind, dies wuchernde Ungeziefer zu zertreten. Mit Trichinen und Bacillen wird nicht verhandelt, Trichinen und Bacillen werden auch nicht erzogen, sie werden so rasch und so gründlich wie möglich vernichtet.«

In jener Zeit, als in Bismarcks Reichsgründung die ersten sozialen Spannungen, politischen Konflikte und ökonomischen Krisen sichtbar wurden und die Euphorie der Gründerjahre beeinträchtigten, entstanden verschiedenste Gruppierungen und Parteien, die ihr wichtigstes Ziel darin sahen, gegen die Juden zu agitieren; die modernsten unter ihnen verabschiedeten sich dabei vom traditionell kirchlichen Antijudaismus und stellten sich – vermeintlich naturwissenschaftlich aufgeklärt – auf den Boden von Rassen- und Sprachwissenschaft: Im Jahr 1879 prägt der Journalist Wilhelm Marr zum ersten Mal den Begriff ›Antisemitismus‹ mit dem ausdrücklichen Interesse, die Frage der Juden nicht mehr vom »confessionellen Standpunkt« aus zu betrachten. Gegen all diese vermeintlich zersetzenden Kräfte der Moderne aber helfen – so Adolf Hitler in einem Brief an einen Bekannten im Jahre 1919 – weder Pogrome noch Wutausbrüche, sondern einzig ein »Antisemitismus der Vernunft«, der in der Entfernung »des Juden« aus dem Volkskörper bestehe.

Entsprechend ist auch die Ideologie der gegenwärtigen Coronaleugner – wie schon der mittelalterliche Judenhass sowie der moderne Antisemitismus – von seuchentheoretischen Weltbildern geprägt. Während der klassische Antisemitismus die Juden selbst als Ursache der Seuche betrachtete, sehen die Coronaleugner »finstere Kreise« – von George Soros bis Bill Gates – als Mächte an, die von der Seuche profitieren wollen, mehr noch – sie sogar in die Welt gesetzt haben –, und schließen damit (un)mittelbar an das Mittelalter an.

Fragt man schließlich, worauf das grundlegende Deutungsmuster derartiger Ideologien beruht, wird

schnell deutlich, dass es der Unwille und die Unfähig-
keit sind, komplexe, strukturelle Ursachenkomplexe
wahrzunehmen. Alle Formen menschlichen Leidens
werden als Wirkung einer von Menschen gehegten
und zugleich systematisch verheimlichten Absicht verstanden – mit dem innerpsychischen Vorteil, zugleich
einen Feind benannt zu haben und sich zudem das
Nachdenken über Komplexitäten ersparen zu können.

Einleitung: Kämpfe

Den Wettlauf der Symbole hat das Klopapier verloren. Dabei war es schwungvoll gestartet. Im März 2020 erregten die Rollen die Menschen so sehr, dass in einem Bremer Supermarkt Fäuste flogen und Blut floss. In Mannheim traf beim Kampf um die knapp gewordenen Packungen das Knie eines Kunden die Stirn eines Verkäufers. Aber die Dramatik der Pandemie zeigte sich daran nicht. Die Welt war in Ordnung, als ums Klopapier gekämpft wurde.

Es war eine Welt, in der bloß neuerlich zu sehen war, was alle längst wussten: Einige Menschen neigen zu Panik und Aggressivität. Es war eine Welt, deren Wirtschaftssystem durch explodierende Nachfrage nach Zellstoffprodukten nicht zu erschüttern war; nach wenigen Wochen waren die Regale wieder voll. Vor allem war es eine Welt, in der große Einigkeit bestand. Einigkeit darüber, dass Bedrohliches bevorstand, gegen das sich alle, auch bei der Bevorratung, zu rüsten hatten.

Zum Symbol einer Welt, die nicht mehr in Ordnung ist, wurde die Maske. Sie konnte es schon deshalb werden, weil sie selbst ein Ärgernis ist. Sie zwickt hinter den Ohren, stört beim Atmen und verdeckt das Gesicht. Sie lässt uns verdrossen umkehren, weil wir sie schon wieder vergessen haben. Und wenn wir sie dann aufsetzen, beschlägt sofort die Brille. Mit Masken ist das reiche Deutschland nicht klargekommen. Das Land hat ein Gesundheitssystem, zu verantworten von Bundesminister Jens Spahn (CDU), dem es fast ein Jahr lang nicht gelang, die Versorgung der Bevölkerung mit FFP2-Masken einigermaßen sicherzustellen.

So wurde die Maske zum Symbol für alles, was in der Pandemie nicht oder nur schlecht funktioniert. Vor allem aber: Statt für Konsens steht sie für einen Dissens, der die Gesellschaft erfasste wie seit Jahrzehnten nicht mehr. Die Maske steht indes nicht nur für einen Streit, wie es ihn zwischen Menschen halt gibt. Zu solchem Streit kam es selbstverständlich auch: Beleidigt und attackiert wurden Mitarbeiter*innen von Ordnungsämtern und Verkehrsunternehmen nach Hinweisen auf die Maskenpflicht oft bloß aus Aufsässigkeit, Trunkenheit oder unspezifischer Gewaltbereitschaft. Doch darüber hinaus wurde die Maske zum Symbol politischer Entzweiung. Wer sie in den USA trägt, ist Demokrat, wer sie verweigert, Republikaner. Auch in Deutschland nimmt, je weiter es nach rechts geht, die Missachtung der Maskenpflicht zu. Im Februar 2021 bekannte in einer Umfrage rund die Hälfte der AfD-Anhänger*innen, die Corona-Regeln nicht konsequent einzuhalten, fast ein Drittel, sie permanent zu brechen.[1]

Wer mit Mund-Nase-Bedeckung eine »Querdenken«-Demonstration besucht, stößt auf Ablehnung. Wer sie dort nicht trägt, fühlt sich einem Kollektiv von Kämpfenden zugehörig. Die AfD-Bundestagsabgeordnete Nicole Höchst erregte sich im Oktober 2020 über die Maskenpflicht und bezeichnete die rechtsradikal motivierten Gegner*innen der Schutzmaßnahmen als »Krieger und Kriegerinnen für die Freiheit«. In diesem Buch, dessen Titel auf Höchsts Äußerung anspielt, versuchen wir zu zeigen, dass jener Kampf nicht der Freiheit dient. Sondern dass er umgekehrt den freiheitlich-demokratischen Rechtsstaat bedroht.

Aber eine Verdrehung ist nicht erst Höchsts Berufung auf die Freiheit. Vielmehr führt es schon in die Irre, für kämpferisch diejenigen zu halten, die die Schutzmaßnahmen missachten. Denn wer in Wahrheit kämpft, das ist die große Mehrheit, die sich an die Maskenpflicht hält und bei aller Kritik an der Effizienz und Angemessenheit einzelner Verordnungen bereit ist, unter schweren Entbehrungen die Ausbreitung des Virus einzudämmen.

»Viren sind die größte Bedrohung für die Herrschaft des Menschen über den Planeten«, hat der Molekularbiologe und Nobelpreisträger Joshua Lederberg (1925–2008) einmal gesagt. Was er damit ansprach, erweist sich in Corona-Zeiten gerade für westliche Gesellschaften als ungeheure, ganz und gar ungewohnte Herausforderung. Etwas Natürliches nistet sich in uns ein und vermehrt sich zwischen uns. Es kommt uns nicht von außen entgegen wie ein Hochwasser oder Orkan, wogegen sich all die Hilfsmittel mobilisieren lassen, über die Industriestaaten verfügen. Das Coronavirus ist in uns, lebt zwischen uns und zwingt uns deshalb, unser persönliches und gemeinschaftliches Leben in weiten Bereichen zu ändern. Eine Pandemie ist ein Albtraum. Millionen Menschen sterben, und weitere Millionen erkranken schwer. Angehörige können sich nicht von Sterbenden verabschieden, Hochbetagte vereinsamen. Kinder und Jugendliche werden um Bildung und gemeinschaftliches Spiel gebracht, ihre Eltern in die Verzweiflung getrieben. Ärzt*innen und Pfleger*innen sind am Ende ihrer Kräfte, der stationäre Einzelhandel und die Gastronomie am Boden. Selbstständige und Künstler*innen stehen vor dem Ruin. Die Staaten verschulden sich immer mehr, Grundrechte müssen ganz neu mit Schutzpflichten gegenüber Mitmenschen abgewogen werden.

Was für ein Kampf! Wie heldenhaft ihn die meisten führen!

Und das, obwohl sich westliche Gesellschaften die traditionelle Heldenhaftigkeit abgewöhnt haben. Sie gelten als postheroisch und manchen sogar als etwas schwächlich. Es gibt eine Gruppe, der diese postheroische Mentalität nicht passt. Das sind Rechtsradikale. Es sei »das große Problem« von Deutschland und Europa, dass sie »ihre Männlichkeit verloren haben«, sagte 2015 Björn Höcke, Landes- und Fraktionsvorsitzender der AfD in Thüringen. »Nur wenn wir unsere Männlichkeit wiederentdecken, werden wir mannhaft, und nur wenn wir mannhaft werden, werden wir wehrhaft.«[2]

Aber wie sahen Mannhaftigkeit und Wehrhaftigkeit bei Höcke und seiner Anhängerschaft dann in Corona-Zeiten aus? Es gab sie. Aber mit Heldenhaftigkeit und Aufopferungsbereitschaft hatten sie nichts zu tun. Lesen wir, was Höckes Thüringer Parteifreund Stephan Brandner im August 2020 auf Twitter als »Anekdötchen« aus der Eisenbahn in Ich-Perspektive zum Besten gab: »Knabbere an einer Nußschnecke. Schaffner: ›Maske auf!‹ Ich: ›Esse gerade, geht nicht, danach überleg ich's mir.‹«[3] Dem Zugbegleiter blieb nichts anderes übrig, als die Polizei in den ICE zu rufen.

An der demonstrativen Wurschtigkeit, mit der sich der Bundestagsabgeordnete Brandner dem Kampf gegen eine tödliche Bedrohung verweigerte und damit die Staatsgewalt herausforderte, war mannhaft dies: Ein weißer Mittfünfziger bekundete Stolz darauf, keinen Millimeter seiner Komfortzone freiwillig geräumt zu haben. Brandner erwies sich dabei auch als wehrhaft. Aber nicht gegenüber der Naturkatastrophe, sondern gegenüber den Schutzmaßnahmen, die von den demokratisch Gewählten beschlossen worden waren.

Gegen diese, gegen die Gewählten und ihre Politik richtete sich sein Widerstand.

»Merkel-Burka« stand auf einer Maske, die der hessische AfD-Landtagsabgeordnete Frank Grobe im Mai 2020 trug.[4] »Merkel« und »Burka« – diese Kombination wirkt wie ein Signal: Sie steht für Diffamierung der Bundeskanzlerin Angela Merkel (CDU), von der sich die Rechten um den Konservatismus betrogen fühlten, und Fremdenfeindlichkeit, die sich seit Merkels Offenhalten der Grenzen 2015 dramatisch gesteigert hatte.

Der Widerstand, der sich an den Masken manifestiert, ist autoritär und rebellisch zugleich. Autoritär, weil die Legitimität der auf Wahlen beruhenden politischen Entscheidungsstrukturen infrage gestellt und zum Teil offen bestritten wird; das impliziert die angebliche Notwendigkeit einer anderen Ordnung nach AfD-Maßgabe. Rebellisch ist es, bewusst und sichtbar gegen Regeln zu verstoßen und die Staatsgewalt offen zu provozieren. Dies war jahrzehntelang eine Strategie vor allem des Linksradikalismus. Seit einiger Zeit aber setzen auch Rechte darauf. Deshalb sprechen wir in diesem Buch von neuen Rechten. Sie machen sich in der Pandemie anschlussfähig gegenüber Gruppen, die politisch in mancher Hinsicht wenig mit ihnen zu tun haben, sich aber durch die Schutzmaßnahmen provoziert fühlen und für eine Kultur der Vorgabenverweigerung sehr empfänglich sind: Verächter*innen der etablierten Medizin sowie Menschen, die ohne explizite politische Festlegung eine kategorische Aversion gegen zentrale Institutionen der Demokratie hegen.

So bilden sich Allianzen, die von aggressivem Misstrauen zusammengeschweißt werden und von Wut erfüllt sind. Rasend hat sich im Corona-Dauerstress der Hass gesteigert. Allein in der Pressestelle des Robert

Koch-Instituts (RKI) gingen schon zwischen März und Mai 2020 insgesamt 194 E-Mails mit Verleumdungen (»das RKI belügt das ganze Volk«) und rechtsextremistischen Drohungen ein: »Schade, dass es für euch Erfüllungsgehilfen dieser verlogenen Regierung keine ›GASKAMMER‹ mehr gibt.« Der Koch Attila Hildmann, eine Art Aggressor mancher Protestgruppen, fragte Ende Februar 2021 auf Telegram: »Will die fette parasitäre Stasi-Hexe Merkel dir nur einmal eine Giftspritze reinjagen in 2021 oder auch danach?«[5]

Die Bundeskanzlerin hat, wie auch viele andere Politiker*innen, die in der Pandemie attackiert worden sind, Personenschutz. Weithin wehrlos aber stehen den organisierten Einschüchterungen viele Virolog*innen gegenüber, die einfach nur ihre naturwissenschaftliche Arbeit machen, sowie Soziolog*innen, die sich mit den Protesten gegen die Corona-Schutzmaßnahmen befassen. Nicht anders erging es Journalist*innen. In Minden in Nordrhein-Westfalen hing im Oktober 2020 an einer Weserbrücke eine Schaufensterpuppe. Sie hatte vor der Brust ein Schild »Covid-Presse« und um den Hals einen Strick. Wie später das *Mindener Tageblatt* berichtete, wurde ein Foto jener Puppe in einer Telegram-Gruppe der örtlichen »Querdenker« so kommentiert: »Ich seh' da keinen Hass. Nur eine Puppe.« Oder: »Was für eine ›nette‹ Idee! Hat mir heute den Morgen versüßt.«[6]

Natur und Widerstand

Dass wir uns in diesem Buch auf Allianzen des hasserfüllten Systemwiderstands und der argumentativ nicht mehr zugänglichen Verachtung demokratischer Politik konzentrieren, bedeutet zweierlei nicht. Erstens, dass an Kundgebungen nicht auch Menschen teilnehmen würden, die einfach gegen Belastungen durch die Lockdown-Regeln protestieren. Sie haben das Recht, ernst genommen zu werden – sind jedoch zu fragen, ob sie den Anspruch hierauf nicht verspielen, indem sie die Beteiligung rechtsextremer und hetzerischer Gruppierungen faktisch dulden. Wer zwingt denn besorgte Bürger*innen, an solchen Demos teilzunehmen? Wer hindert sie, eigene zu organisieren und dabei auf strikte Abgrenzung sowie die Einhaltung der Auflagen zu achten? Bei einigen Versammlungen, etwa von Künstler*innen, wurde das gemacht. Warum sind andere diesem Beispiel nicht gefolgt?

Zweitens nehmen wir mit diesem Buch nicht das konkrete politische Agieren der Bundesregierung und der Landesregierungen in Schutz. Wir haben daran viel zu kritisieren, vom Maskeneinkauf über die grotesken technischen Unzulänglichkeiten beim Digitalunterricht bis hin zum Chaos in vielen Gesundheitsämtern. Die EU-Kommission unter Ursula von der Leyen (CDU), die schon als deutsche Verteidigungsministerin keine Bestbesetzung war, hat bei der Impfstoff-Beschaffung längst nicht das geleistet, was von ihr zu erwarten war. Bei den Impfungen in Deutschland kam es zu eklatanten Versäumnissen, die den Gesundheitsschutz untergruben, die Lockdown-Lockerungen verzögerten und Anlass zu großen Zweifeln an der Kompetenz der Verantwortlichen gaben. Zudem ist zu fragen, warum im Spätsommer 2020 nicht die damalige Entspannung der Infektionslage besser genutzt wurde, um Vorkehrungen für die absehbare zweite Welle im Herbst und Winter zu treffen. Vor allem, um alten Menschen ein sicheres Leben ohne völlige Isolation zu ermöglichen, den Schulunterricht und die Kita-Betreuung so weit wie eben verantwortbar zu gewährleisten und nicht wieder fast alle Geschäfte schließen zu müssen.

Allerdings: Wer im Sommer vor der zweiten Welle warnte und aufwendige Vorbereitungen verlangte, wurde oft genug der »Panikmache« bezichtigt. Sachgerechte Vorausplanung wurde da behindert durch eine Empörung, die eine so kleine wie laute Minderheit anheizte. Schon das macht erkennbar, dass die aggressive Protestszene das Potenzial zur Sabotage angemessenen politischen Agierens hat. Etwas Sabotierendes findet sich auch dort, wo manche angebrachte Kritik am Regierungshandeln von rationalen Akteur*innen nicht deutlich genug vorgetragen wurde, weil sie kein Wasser auf die Mühlen der stets lauernden Radikalen leiten wollten. Diese blockierten also nicht nur entschlossenes Handeln, sondern auch dessen harte Prüfung.

Zuweilen jedoch ließen sich auch Teile des demokratischen Bürgertums von der verselbstständigten Erregung anstecken. Ein Beispiel: Verhängten die Regierungen allgemeingültige Schutzmaßnahmen fürs ganze Land, wurde nach regionalen Differenzierungen je nach Infektionslage gerufen. Gab es dann aber regionale Differenzierungen mit Unterschieden etwa zwischen Berlin und Brandenburg, wurde sofort über ein angebliches Durcheinander geschimpft, bei dem niemand mehr durchblicken würde. Statt Eigenverantwortung schimmerte da zuweilen auch im bürgerlichen Spektrum eine seltsame Autoritätsfixierung durch. Als wollten sich die Menschen nicht von sich aus um größtmögliche Vorsicht und angemessenes Verhalten bemühen, sondern alles davon abhängig machen, was ihnen staatlicherseits vorgeschrieben wird. Das aber heißt nicht, dass die Regierungen keine Fehler gemacht hätten.

Ausdrücklich nicht als Fehler bezeichnen wir es, dass sich die Regierungen im Bund und in den Ländern an den Analysen und Einschätzungen von Naturwissenschaftler*innen ausrichteten. Eine Pandemie ist eine Naturkatastrophe, also gilt das Primat der Naturwissenschaften. Das zu akzeptieren ist alles andere als leicht: Plötzlich kamen Forscher*innen, von deren Fachgebieten die meisten Menschen keine Ahnung hatten, und definierten eine objektive Lage, in der größte Einschränkungen für alle zwingend erforderlich sind. Noch schwieriger wurde es dadurch, dass es sich um Biologie handelt. Um eine Wissenschaft, die, wenn sie sich mit dem Infektionsgeschehen in ganzen Bevölkerungen befasst, mit einer ungeheuren Komplexität und zahlreichen Einflussfaktoren konfrontiert ist. Sehr viele Aspekte sind dabei zu berücksichtigen. Das verleitete manche Laien dazu, sich aufs Geratewohl einzelne Aspekte herauszupicken und dann zu meinen, alles viel besser beurteilen zu können. Entsprechend kam es immer wieder zu Versuchen, Virolog*innen gegeneinander auszuspielen. Wenn diese sich, was normal und notwendig ist, in einzelnen Fragen nicht einig waren, wurde so getan, als stritten sie darüber, ob es eine Bedrohung gebe oder nicht. Als stehe also die Pandemie als solche zur Disposition. Als hätte man freie Wahl zwischen Lockdown und Nicht-Lockdown, zwischen solidarischer Rücksichtnahme auf Mitmenschen und unbegrenzter Verfolgung eigener Bedürfnisse.

Ein krasses Beispiel für die fachfremde Vereinnahmung virologischer Expertise lieferte der nordrhein-westfälische AfD-Landtagsabgeordnete Roger Beckamp.[7] Im Januar 2021 hatte der Corona-Beirat der dortigen Landesregierung, zu dem auch der gegenüber manchen Maßnahmen kritische Virologe Hendrik

Streeck gehörte, Pläne für eine mittelfristige Überwindung des winterlichen Lockdowns gefordert. Daraus machte Beckamp in einem später gelöschten Facebook-Post: »Expertenrat erklärt Lockdown für gescheitert.« Das war falsch. Streeck twitterte umgehend: »Der jetzige Lockdown ist alternativlos und richtiger Weg, die Infektionszahlen zu drücken.« Generell waren sich die fachwissenschaftlich anerkannten Virolog*innen trotz aller Kontroversen in Einzelfragen über die Notwendigkeit weitreichender Schutzmaßnahmen wesentlich einiger, als von interessierter Seite und vor allem von kategorischen Vorsorge-Gegner*innen suggeriert wurde. Dass sich die Politik nach jenen wissenschaftlichen Vorgaben richtete, war und ist richtig. Ob die daraus abgeleiteten politischen Schritte dann immer richtig und angemessen waren, steht auf einem anderen Blatt und ändert nichts an der Notwendigkeit, dass sich Politik an der Expertise ausrichten musste.

Von der großen Mehrheit der Bevölkerung wird dies auch prinzipiell gutgeheißen. Es gibt aber zwei Minderheitengruppen, die sich seit Langem von einer faktenbasierten Naturwissenschaft provoziert fühlen und gegen deren Vorgaben rebellieren. Das sind zum einen Anhänger*innen der sogenannten Alternativmedizin, die Impfungen extrem skeptisch sehen, zum Teil ablehnen und schulmedizinische Diagnosen als nicht stichhaltig erachten. Zum andern sind es diejenigen Rechtsradikalen, die seit Jahren gegen ein ganzes Bündel von Tatsachen gleichzeitig anrennen. Gegen die Tatsachen des Klimawandels, der Globalisierung und der Migration. Letztlich geht es ihnen dabei immer um Privilegien. Um das Privileg des ungebremsten Schadstoffausstoßes zur Beibehaltung des bisherigen Lebensstils, das Privileg des nationalen Bessergestellt-Seins und das, die Probleme anderer Länder ignorieren zu können. Bei den Rechten haben sich diese Haltungen zu einer rebellischen Widerständigkeit verfestigt, die als Kampf für eine gefährdete Freiheit inszeniert wird: eine Freiheit der eigenen Meinungen, die angeblich unterdrückt würden, und eine Freiheit, tun und lassen zu können, was man will, ohne Pflicht zur Solidarität mit anderen. Es gibt wohl kaum eine günstigere Gelegenheit, diese Grundhaltungen zu mobilisieren, als eine Pandemie. Und weil es der Staat ist, der in dieser Lage tatsächlich strenge Anforderungen an die Bürger*innen stellen muss, eignet sich die Pandemie auch noch dazu, einen fundamentalen Systemwiderstand auszurufen.

Verleugnung

»Manipulation« wurde für Pandemie-Leugner*innen und Rechtsradikale zum Schlüsselbegriff. Der ermöglichte zweierlei. Erstens, wissenschaftliche Expertise zu ignorieren, weil diese angeblich durch Herrschende instrumentalisiert würde. Zweitens, sich den Regeln im demokratischen Rechtsstaat zu widersetzen, weil die Regierenden selbst nur im Dienst manipulierender und nach Diktatur strebender Super-Eliten ständen. Wegen dieses doppelten Effekts von Manipulationsbehauptungen erleben Verschwörungsmythen in der Pandemie einen ungeheuren Aufschwung. Die Erzählmuster reichen vom *great reset*, einem angeblich ökosozialistischen Plan internationaler Organisationen zum Umbau der Weltwirtschaft, bis hin zu Fantasien, dass die Schutzmaßnahmen in Deutschland eine Quasi-Diktatur ermöglichen sollten, um unliebsame Kräfte wie die AfD zu schwächen. Im Angebot ist weiterhin, dass Bill Gates die Virusbedrohung erfunden hätte, um an Impfstoffen zu verdienen, oder dass das Homeoffice vorangetrieben würde, um die Menschen qua Digitalisierung besser überwachen zu können. Die Bandbreite der Verschwörungsmythen ist schier unermesslich.

Nicht jede Gruppe pflegt jeden Mythos. Aber das Prinzip solchen Denkens breitete sich in der Pandemie stark aus. Verschwörungsmythen finden sich bei vielen Teilnehmer*innen von »Querdenken«-Demonstrationen. Das haben wir in zahlreichen Gesprächen mit ihnen erfahren müssen. Strukturelemente jener Mythen werden in Teilen der AfD reproduziert. Verschärfte Formen treiben ganze Cluster von Rechtsextremen an, die darauf Umsturzfantasien gründen. Verschwörungsmythen werden nicht zuletzt durch den QAnon-Kult zu Antriebskräften eines Fanatismus, der vor schweren Gewalttaten nicht zurückschreckt und die innere Sicherheit des Staates bedroht. Deshalb werden wir uns in diesem Buch, das die Ideologie des radikalen Protests gegen die Schutzmaßnahmen analysieren soll, besonders mit diesen Mythen beschäftigen.

Die kursierten schon oft in Zeiten großer Seuchen – und besagten immer wieder, dass das Unheil auf jüdische Machenschaften zurückzuführen sei. Das Muster des Verschwörungsmythos wird von Antijudaismus und Antisemitismus bestimmt. Fast immer, wenn in der westlichen Welt finstere Bestrebungen geheimer Zirkel zulasten der breiten Bevölkerung behauptet wurden, sollten am Ende jüdische Kreise dahinterstecken. Das »internationale Finanzjudentum«, die »Weisen von Zion« oder eine »zionistische Weltverschwörung« wurden für alles reale oder eingebildete Elend dieser Welt verantwortlich gemacht. »Es beginnt mit Verschwörungserzählungen«, sagte im Januar 2021 im Bundestag die Publizistin Marina Weisband bei ihrer Rede am Tag des Gedenkens an die Opfer des Nationalsozialismus. Wer Verschwörungsmythen verbreitet, stärkt Weltbilder und Stereotypen, die von dem Verdacht gegen und letztlich dem Hass auf Jüdinnen und Juden nicht zu trennen sind. Wie und warum Verschwörungsmythen seit 2020 so viele Anhänger*innen fanden und warum sie für die politische Rechte so wichtig sind, beschreiben wir im ersten Teil des Buches.

Zu den Begriffen: Unter Verschwörung*erzählungen* verstehen wir Geschichten, die sich auf einzelne isolierte Ereignisse beziehen. Etwa dass die Mondlandungen nicht stattgefunden hätten, sondern nur in Fernsehstudios inszeniert worden wären. Wer an so etwas glaubt, wird sich zwar Fragen nach seiner oder ihrer Urteilsfähigkeit gefallen lassen müssen, kann aber nicht automatisch als radikal oder extremistisch gelten. Anders ist es bei Verschwörung*smythen*, bei denen ganze Weltbilder um die Behauptung finsterer Machenschaften herum konstruiert werden. Etwa dass die Pandemie eine Elitenerfindung wäre. Hier liegt ein Radikalismus vor, der sich rationaler Argumentation grundsätzlich verweigert und die Existenz demokratisch-rechtsstaatlicher Verhältnisse faktisch negiert. Dies führt leicht zur Verschwörung*sideologie*, die aus jenen Mythen Pläne zum politischen Systemumbruch impliziert.

Diverse Formen des Verschwörungsdenkens finden sich in den verschiedenen Strömungen der Protestbewegung, die wir im zweiten Teil beschreiben. Das Spektrum reicht von Anhänger*innen der Alternativmedizin bis zu harten Rechtsextremen. Im dritten Teil beschäftigen wir uns mit der Entwicklung der AfD, weil sie sich als einzige größere Partei mit weiten Teilen der Protestbewegung gemein gemacht hat. An ihr lässt sich erkennen, wie elementar die Infragestellung von wissenschaftlichen Mehrheitsmeinungen, der Widerstand gegen Schutzmaßnahmen und das Aufbegehren gegen Rücksichtnahmen für den heutigen Rechtspopulismus sind. Überdies hat während der Pandemie die Anhängerschaft des völkischen, offiziell aufgelösten »Flügels« ihr Agieren geändert. Im vierten Teil werden wir die Bedrohungen beschreiben, die von extremistischen Akteur*innen in dieser Krise ausgehen.

Dieses Buch entstand während des winterlichen Lockdowns und der ersten Monate eines Superwahljahres. Der Inhalt kann nur eine vorläufige Bestandsaufnahme sein.

MYTHEN IN ZEITEN DER PANDEMIE

Glauben und Wissen

Kaum ein Foto dürfte im Frühjahr 2020 so oft auf Facebook und WhatsApp geteilt worden sein wie dieses: ein Desinfektionsmittel mit dem Hinweis, es sei »wirksam gegen Coronavirus«. Als Datum steht auf dem Etikett »12/16«.[8] Für viele, die dieses Foto verbreiteten, war es ein Beleg, dass Sars-CoV-2 schon seit längerer Zeit existierte. Folglich könne es keine gänzlich neue Bedrohung durch ein bisher unbekanntes Virus geben. Manche vermuteten deshalb, die Pandemie wäre von langer Hand vorbereitet worden.

Das Foto war echt. Doch Sars-CoV-2 gab es im Jahr 2016 noch nicht. Wohl aber die Familie der Coronaviren. Erste von ihnen wurden schon Mitte der sechziger Jahre nachgewiesen. Auf diese Virenfamilie bezog sich das Etikett auf dem Hygienespray. Das für die Pandemie verantwortliche Sars-CoV-2-Virus hingegen ist neu. Mittlerweile wissen das die meisten.

Doch im Frühjahr 2020 wurde jenes Foto mit dem Desinfektionsmittel aufgeregt verbreitet, weil es der zu dieser Zeit herrschenden Unsicherheit entsprach. Einige gingen sogar noch weiter. Jemand schickte uns das Foto mit dem Kommentar: »Hat gerade mein Kumpel in seinem Keller gefunden. Stand da schon ein paar Jahre.« Ob der Absender tatsächlich diesen Kumpel hatte oder ihn erfand, ist unklar. Erstaunlicherweise behauptete aber auch Pegida-Organisator Lutz Bachmann, Fotos dieser Flasche von einem »persönlichen Bekannten« erhalten zu haben. »Echtheit belegt!«, schrieb Bachmann im Februar dazu und verband dies gleich mit einer politischen Behauptung: »Das ›hoo-ooochgefährliche‹ neue Virus ist also schon ewig bekannt ... sollte mit dem Hype vielleicht von anderen Sachen abgelenkt werden?«

Normalerweise sind Menschen gut darin, glaubwürdige Informationen von unglaubwürdigen zu unterscheiden. Sie können bewerten, wie verlässlich die Quelle einer Information und wie plausibel letztere selbst ist. Wenn aber allgemeine Unsicherheit herrscht, in einer Pandemie zum Beispiel, dann übersteigen viele Informationen das Vorstellungsvermögen von uns Laien. Dann kommt es für viele sehr stark auf die Glaubwürdigkeit des Überbringers oder der Überbringerin der Nachricht an. Menschen, denen wir uns nahe fühlen, glauben wir eher als Unbekannten, auch weil wir annehmen, dass Nahestehende nur das mit uns teilen, was sie selbst für glaubwürdig halten. Deshalb haben zu Anfang der Pandemie auch rational agierende Menschen vermeintlich nützliche Tipps wie die weitergeleitet, dass längeres Luftanhalten als Corona-Test taugen oder reichliches Wassertrinken vor einer Erkrankung schützen könnte. Man vertraute diesen Ratschlägen, weil sie von vertrauten Personen kamen, hielt sie für wichtig, weil man Angst hatte, und schickte sie an andere. Manche Tipps aber waren tödlich: So starben 2020 nach dem Konsum von hochkonzentriertem Alkohol zur vermeintlichen Desinfizierung des Körpers weltweit mindestens 800 Menschen.[9]

Angst macht empfänglich für alle möglichen Ratschläge und Erläuterungen, die das Beängstigende als weniger bedrohlich erscheinen lassen. Besonders attraktiv für manche können Erklärungen sein, nach denen es gar kein Bedrohung gebe. Hunderttausendfach geklickt und geteilt wurden vor allem im ersten Pandemiejahr Thesen des Arztes und ehemaligen SPD-Bundestagsabgeordneten Wolfgang Wodarg. Eine seiner frühen Kernaussagen lautete, dass das Coronavirus nicht gefährlicher als ein Grippe-Erreger sei.[10] In einem Interview mit der rechtspopulistischen Publizistin und ehemaligen *Tagesschau*-Sprecherin Eva Herman bezeichnete Wodarg die Pandemie als »Hype«. Auf seiner Website forderte er, die »Panik« zu beenden. Später behauptete er, dass Impfungen gegen Corona zu Unfruchtbarkeit führen könnten.[11] Wodargs Thesen wurden unter anderem von der Rechercheplattform *Correctiv* und von Christian Drosten, dem Leiter der Virologie an der Berliner Charité, entkräftet. Auf Wodarg berufen sich Corona-Leugner*innen bis heute.

Seit Beginn der Pandemie rechnen sie die Zahl der Todesopfer herunter. Und zwar sehr oft aus einem konkreten Grund: Sie wollen die Bedrohung als gering erscheinen lassen. Tatsächlich aber wurde für das letzte Quartal 2020 in denjenigen Bundesländern, in denen es besonders viele Ansteckungen gab, eine deutliche Übersterblichkeit festgestellt. In Sachsen war die Sterblichkeit um 46 Prozent gegenüber den jeweiligen Vergleichszeiträumen der vorherigen vier Jahre gestiegen. In Brandenburg um 20 Prozent.[12] Nach Berechnungen des Max-Planck-Instituts für demografische Forschung in Rostock gingen den Menschen weltweit im ersten Pandemiejahr rund 20 Millionen Lebensjahre verloren. Sie starben also wegen Covid-19 wesentlich früher, als es nach der durchschnittlichen Lebenserwartung der Fall gewesen wäre. Die hohe Gesamtzahl ist nur dadurch zu erklären, dass eben auch zahlreiche jüngere Menschen starben, die noch sehr viele Lebensjahre vor sich gehabt hätten.[13] Zwar gab es 2020 eine Zeit lang eine gewisse statistische Unsicherheit bei Aussagen darüber, dass Menschen *an* Covid-19 gestorben waren. Unter seriösen Mediziner*innen bestand aber nie ein Zweifel, dass die Krankheit die Hauptursache für Todesfälle nach einer Infektion war. Die statistische Unsicherheit war lediglich aufgebauscht worden. Dass die allermeisten Menschen tatsächlich *an* Covid-19 starben, ergab sich dann unter anderem aus mehr als 700 Obduktionen in Hamburg.[14]

Eine weitere Irreführung bestand in der Behauptung, dass Impfungen hochgefährlich seien. Den Fakt, dass einzelne Menschen starben, die in den Wochen zuvor eine Impfung erhalten hatten, nahmen manche zum Anlass, von »Opfern« der Injektionen zu sprechen. Die realen Zahlen sahen in Deutschland aber so aus: Ende Januar 2021 konstatierte das Paul-Ehrlich-Institut in einem Sicherheitsbericht, der sich auf mehr als 610 000 Impfungen bezog, 325 Verdachtsfälle mit Nebenwirkungen oder Komplikationen. 51 davon waren schwer. Es gab sieben Todesfälle bei Patient*innen im Alter von 79 bis 93 Jahren. »Bisher gibt es in keinem der gemeldeten Fälle einen kausalen Zusammenhang zur Impfung«, sagte Susanne Stöcker vom Paul-Ehrlich-Institut. Wie ernst das Risiko von Nebenwirkungen tatsächlich genommen wurde, zeigte sich im März 2021, als mehrere europäische Regierungen, darunter die deutsche, nach Meldungen über einzelne Fälle von Hirnvenenthrombosen nach AstraZeneca-Verimpfungen die Benutzung dieses Vakzins aussetzten.[15]

Als haltlos erwiesen sich damit Behauptungen vor allem von Impfgegner*innen, dass mögliche Gefahren der Impfstoffe verdrängt und Meldungen darüber unterdrückt würden. Solche Behauptungen hatten nicht nur mit Angst und Unsicherheit zu tun, sondern oft auch mit ideologischen Absichten.

Verschwörung

Faktengestützte Richtigstellungen dringen aber nicht immer durch. Das liegt zum einen daran, dass spekulative Alarmmeldungen sehr viel Aufmerksamkeit erregen und sich daher rasend schnell ausbreiten. Dagegen kommt die nüchterne Darstellung der Tatsachen oft nicht mehr an. Zum anderen gibt es Menschen, die sich gegen sachliche Argumente regelrecht immunisiert haben. Nämlich durch die Überzeugung, dass offizielle Zahlen und wissenschaftliche Mehrheitsmeinungen grundsätzlich verfälscht würden – durch machtlüsterne und geldgierige Interessengruppen.

Bei einer Umfrage der Universität Konstanz unter Teilnehmer*innen einer dortigen Demonstration gegen die Schutzmaßnahmen hielten es im Oktober 2020 rund drei Viertel der Befragten für »gut vorstellbar«, dass »Gruppen von Wissenschaftlern manipulieren« würden, »um die Öffentlichkeit zu täuschen«. Fast genauso hoch war die Zustimmung zu der Unterstellung, dass »einflussreiche Geschäftsleute die Bevölkerung zwangsimpfen lassen« wollten.[16] Zu ähnlichen Befunden kamen Soziolog*innen der Universität Basel.[17] Sie werteten mehr als 1000 Fragebögen aus, die an Mitglieder von Telegram-Gruppen rund um die »Querdenken«-Bewegung verschickt worden waren. Da waren drei

Viertel der Ansicht, die Regierung verschweige der Bevölkerung die Wahrheit. Nicht weniger als 94 Prozent stimmten der Aussage zu, dass »die Corona-Problematik von der Regierung dramatisiert oder übertrieben« würde. 61 Prozent der Befragten meinten, dass die Stiftung von Bill und Melinda Gates eine »Zwangsimpfung für die ganze Welt« wolle. Und knapp zwei Drittel hielten »Banken und Konzerne« für »die großen Profiteure der Corona-Krise«.

Hinter solchen Aussagen steckt ein mythisches Weltbild: Eine kleine Gruppe verfolge finstere Pläne, um sich selbst Reichtum sowie Macht zu sichern und den Rest der Menschheit zu unterdrücken. Errichtet werden damit simple Freund-Feind-Konstruktionen, nach deren Maßgabe der Zustand der ganzen Gesellschaft und weite Teile der Geschichte geordnet werden: Böse gegen Gute, Reiche gegen Arme, Bill Gates und die Pharmaindustrie gegen wehrlose »Versuchskaninchen«, kleine verlogene »Elite« gegen großes unschuldiges »Volk«.

Dass der US-Milliardär Bill Gates für das Aufkommen des Virus verantwortlich sei, gehörte zu den am häufigsten verbreiteten Verschwörungsmythen.[18] »Gib Gates keine Chance«, war ein häufiges Plakat-Motiv bei Demonstrationen gegen die Schutzmaßnahmen. Dahinter steckte die Lüge, der Microsoft-Gründer hätte die Entwicklung des Virus finanziert, um dann an Impfkampagnen zu verdienen. Behauptet wurde, Gates hätte schon früher von der Pandemie gewusst. Ein Beleg dafür sollte sein, dass er in der Tat schon 2015 grundsätzlich vor den verheerenden Auswirkungen einer Pandemie gewarnt hatte. Zu einem weiteren Indiz wurde erklärt, dass ein von ihm gefördertes Forschungsinstitut ein Patent im Corona-Zusammenhang erhalten hatte. Tatsächlich aber – das wurde natürlich nicht erwähnt – bezog sich dieses Patent auf ein ganz anderes Coronavirus.[19] Vermutlich wurde Gates auch deshalb zur Zielscheibe, weil seine Stiftung die Weltgesundheitsorganisation WHO unterstützt und er den damaligen US-Präsidenten Donald Trump scharf kritisierte, weil dieser die Zusammenarbeit der USA mit der WHO einstellen wollte. So zog sich Gates die Feindschaft von Trumps Anhängerschaft zu. In Suchmaschinen schoss 2020 weltweit das Interesse an Verschwörungserzählungen über Gates in die Höhe.[20]

Eine weitere Unwahrheit, die in den sozialen Netzen zirkulierte, lautete so: Nach Todesfällen, die nichts mit Covid-19 zu tun hatten, seien Angehörigen bis zu 5000 Euro geboten worden, wenn sie die Verstorbenen als Corona-Tote deklarieren würden. Für eine solche »Corona-Lügenprämie«, mit deren Behauptung die offiziellen Zahlen der Covid-19-Toten als absichtlich übertrieben »entlarvt« werden sollten, gibt es weder Anhaltspunkte noch Belege. Erzählt wurde uns diese Geschichte auch von einem Demonstrationsteilnehmer, der sich aber nicht aufs Internet berief, sondern auf eine Bekannte, die das wiederum von einer Ärztin gehört habe. Dies ist ein Beispiel für das bereits beschriebene Phänomen, dass selbst die hanebüchensten Geschichten scheinbare Glaubwürdigkeit erhalten, wenn sie von nahestehenden Personen erzählt werden – oder wenn man zumindest den Eindruck erweckt, die Geschichte von Nahestehenden gehört zu haben. Das bloße Hörensagen hat dabei den Nebeneffekt, dass die Information für Außenstehende nicht überprüfbar und damit nicht widerlegbar ist.

Nichts als ein Gerücht ist eine weitere Geschichte, die unter »Querdenkern« und Verschwörungsideolog*innen rege geteilt wurde. Die Leiterin eines Wasserwerkes in einer der größten deutschen Städte habe »bei einer vertraulichen Plauscherei am Rande einer großen Konferenz unvorsichtigerweise hinter vorgehaltener Hand« Folgendes erzählt: In ihrem Betrieb ständen »viele Fässer mit Beruhigungsmitteln und speziellen chemischen Zusätzen« bereit, und die würden »sofort ins Trinkwasser gekippt«, wenn es »Demonstrationen, Massenaufmärsche und soziale Unruhen« gebe. So soll es ausweislich eines Fotos in einem älteren Zeitungsartikel stehen, der oft fälschlicherweise der *Welt* zugeschrieben wird.[21] Für manche in der Protestszene ist diese Fälschung deshalb interessant, weil sie suggeriert, dass sie vom Staat am Demonstrieren gehindert werden sollten – und dies auch noch durch einen Trick mit chemischen Substanzen.

»Hab seit 2 Tagen EXTREME Müdigkeitsanfälle«, schrieb Attila Hildmann im Mai 2020 in einem Telegram-Beitrag, den wir hier in unveränderter Orthografie wiedergeben, »mir fallen sofort die augen zu, arme und Beine fühlen sich bei mir auch leicht betäubt an! (...) Vor Wochen las ich eine info dass jemand info verbreitete dass sie Beruhigungsmittel ins Trinkwasser mischen (info einer Wasserwerk Mitarbeiterin), andere sagen es könnten Chemikalien sein die sie mit Flugzeugen verbreiten.«[22]

Dies war nur einer der zahllosen Mythen, die Hildmann, ein Kochbuchautor mit veganen Imbissen in Berlin, seit jenen Wochen verbreitet hat. Er bezeichnete sich selbst als »ultrarechts« und »Verschwörungsprediger«. Anlässlich der Corona-Warn-App schmähte er Gesundheitsminister Spahn auf Instagram: »Keiner will deine Drecksapp, deine von Gates bezahlte Zwangsimpfung und deinen geplanten Überwachungsstaat«.[23] Auf einem mittlerweile gelöschten Foto posierte er mit einer Waffe. Hildmann, der sich auf zahlreichen Demonstrationen zeigte, gehört zu den reichweitenstärksten Hassproduzenten in der Pandemie, führte immer wieder verbale Kleinkriege mit anderen Protagonist*innen der Szene, ließ aber von seinen Hauptgegner*innen nie ab. Anfang Februar 2021 schrieb er über Angela Merkel: »Ihre illegalen Angriffskriege mit Flüchtlingswellen hat sie den Deutschen sogar als humanitäre Hilfe verkauft, dabei diente es nur der Vermischung der Rassen Europas (...) und der Auslöschung der arischen Rasse! Die Deutschen sind zu leichtgläubig, jetzt will sie sie totspritzen.«[24] Inzwischen ermittelt die Berliner Staatsanwaltschaft gegen ihn wegen des Verdachts der Volksverhetzung, Beleidigung und Bedrohung. Die *Süddeutsche Zeitung* berichtete, es seien so viele Anzeigen gegen Hildmann erstattet worden, dass sie schon im November des ersten Pandemiejahres 60 Aktenbände gefüllt hätten.[25]

Verschwörungsmythen gab es schon vor der Pandemie. Eine durch sie geprägte Mentalität war laut der großen Leipziger Autoritarismus-Studie bereits 2018 bei knapp einem Drittel der Deutschen manifest.[26] Sie zeigte sich etwa in der Zustimmung zu Sätzen wie diesem: »Politiker und andere Führungspersönlichkeiten sind nur Marionetten der dahinterstehenden Mächte.« Oder: »Die meisten Menschen erkennen nicht, in welchem Ausmaß unser Leben durch Verschwörungen bestimmt wird, die im Geheimen ausgeheckt werden.«

Aus diesem zweiten Satz spricht letztlich Größenwahn. Denn wer so denkt, maßt sich an, im Besitz der Wahrheit zu sein. Einer Wahrheit, die der Masse durch finstere Mächte verheimlicht werde. Somit beanspruchen Verschwörungsgläubige für sich selbst Definitionshoheit und damit das Recht auf Autorität. Dies kann sich mit einer schon bestehenden Ideologie verbinden, wonach es kämpferische Gemeinschaften geben soll. Zunächst eine kleine Gemeinschaft der Wissenden, die sich als exklusiver Zirkel (faktisch also auch als Elite) über die Masse der angeblich noch unaufgeklärten »Schlafschafe« erhebt. Dann aber wird eine große Gemeinschaft erträumt, in der sich das bisher irregeleitete Volk gegen die manipulierende Herrschaftsclique erhebt. Und zwar angeführt von denen, die schon jetzt die angeblichen Lügen durchschaut haben wollen.

Der Aufstand lässt sich dabei so begründen, dass dem bestehenden System – bei dem es sich in Deutschland um einen demokratischen Rechtsstaat handelt – angeblich die Legitimität fehlt. Denn das System soll ja auf Lügen beruhen und die breite Volksmasse von der demokratischen Teilhabe ausschließen. Diese Zusammenhänge machen Verschwörungsmythen, deren Verbreitung nach der Leipziger Studie 2020 zugenommen hat, besonders attraktiv für Rechtspopulisten*innen.

Als die AfD-Landtagsfraktion in Sachsen-Anhalt Ende April 2020 ihre erste Kundgebung gegen die Schutzmaßnahmen abhielt, sagte der Abgeordnete Robert Farle: »Wir werden uns von diesen Leuten, die eine Grippe-Epidemie dazu ausnutzen, Notstandsgesetze durchzusetzen, nicht beugen lassen.« Die Infektionszahlen, »die in diesem Land seit Wochen verbreitet werden«, seien »vollständig irreführend«. Er und seine Partei würden »nicht zugucken, wie wir von einer Handvoll Leuten verscheißert werden«, und »dem Gates« traue er »nicht über den Weg«. Farle weiter: »Wir sind keine Versuchskaninchen für Multimilliardäre, die weltweit milliardenfach Impfstoffe verkaufen wollen. Die würden keine ganze Arbeit machen, wenn sie jetzt nicht versuchen würden, uns auch noch über die Handy-Apps auszuspionieren. Unser Herr Gates ist ja auch der Vater dieser Windows-Geschichten.«[27]

»Mut zur Wahrheit«

Von Anfang an sind in der AfD Grundstrukturen verschwörungsmythischen Denkens angelegt. Das zeigt sich schon an einem Slogan, den sie sich in ihrem Gründungsjahr 2013 zu eigen machte. Bis heute wird er in Parteitagsreden voller Pathos zitiert: »Mut zur Wahrheit«. Verstehen lässt er sich wie folgt: Es gibt ein Wissen, das verborgen ist und von Mächtigen verborgen wird. Dieses Wissen zu entdecken und zu veröffentlichen, ist schwierig, ja, gefährlich. Nicht Ängstliche, nur Tapfere können es freilegen und aussprechen. An diesem Wissen erweist sich, wer mutig, wer etwas Besonderes ist. Das Selbstverständnis der AfD beruht darauf, als Gemeinschaft dieser Mutigen im Namen der großen Masse zu sprechen, die von den Regierenden vernachlässigt werde. Vor allem von der Bundeskanzlerin. Damit kann die AfD als Prototyp für die populistische Dynamisierung eines an Verschwörungsmythen orientierten Denkens gelten. Dieses Denken ist in ihrer Anhängerschaft laut einer Studie der Konrad-Adenauer-

Stiftung sehr viel weiter verbreitet als bei Wähler*innen anderer Parteien. Es tritt in der Corona-Krise deutlich zutage[28], existiert aber dort und in der Partei selbst schon viel länger.

Auf der offiziellen Ebene fing es freilich harmlos an. Unter einem Plakat mit der Aufschrift »Mut zur Wahrheit« saß im August 2013 bei einer Pressekonferenz der damalige Parteichef Bernd Lucke und tat kund, dass die Bundesbank in der Griechenland-Krise wichtige Informationen unter Verschluss halte. Und die Meinungsforschungsinstitute würden die AfD bei den Umfragen zu der damals bevorstehenden Bundestagswahl systematisch unterbewerten.

Zu Luckes Partei stießen alsbald Leute, bei denen es so aussah, als hätten sie Mut zu ganz anderen, furchterregend wirkenden Wahrheiten. Im Februar 2013 wurde eine E-Mail mit dem Absender Alice Weidel per iPhone versendet.[29] Hier der Wortlaut in der ursprünglichen Orthografie: »Der Grund, warum wir von kulturfremden Voelkern wie Arabern, Sinti und Roma etc ueberschwemmt werden, ist die systematische Zerstoerung der buergerlichen Gesellschaft als moegliches Gegengewicht von Verfassungsfeinden, von denen wir regiert werden. Diese Schweine sind nichts anderes als Marionetten der Siegermaechte des 2. WK und haben die Aufgabe, das dt Volk klein zu halten indem molekulare Buergerkriege in den Ballungszentren durch Ueberfremdung induziert werden sollen. Lies doch mal diesen Link durch zur ›Souveraenitat‹ Deutschlands. Dass D gar nicht souveraen ist, duerfte doch fuer den ekelhaften Fatalismus in der Tagespolitik z.B unsere Enteignung durch die Eurorettung, korrumpierte Judikative (Bundesverfassungsgericht) erhellend sein... Mehr dazu ein anderes Mal.«

Es folgt ein Link zu einer mittlerweile eingestellten Internetseite. Nach den Recherchen von Reportern der *Welt am Sonntag*, die auf die E-Mail gestoßen waren, stand hinter jener verlinkten Seite ein Berliner, in dessen Publikation es Ufos tatsächlich gibt und der Angriff auf New York am 11. September 2001 ein »Inside Job« war, ein Geheimdienstkomplott. Laut dem Bericht, gegen den die im Oktober 2013 in die AfD eingetretene Alice Weidel nie geklagt hat, wurde die E-Mail im privaten Kreis verschickt. Sie ist der AfD daher nicht zuzurechnen.

Der Text ist nicht zwangsläufig ein Beleg, dass die Hirngespinste von den »Marionetten der Siegermächte« und der fehlenden Souveränität Deutschlands felsenfest für wahr gehalten wurden. Denkbar ist, dass sich eine vorgängige Wut über Zuwanderung und »unsere Enteignung durch die Eurorettung« auf die Suche nach gedanklichen Konstrukten gemacht hatte, um sich darin austoben zu können und scheinbare historische Plausibilität zu verschaffen. Am Anfang hätte somit der Furor gestanden – ein fremdenfeindlicher und finanznationalistischer –, der sich dann eine Verschwörungsideologie als mentales Begründungs- und Aufputschmittel wählte.

Etwas anders, aber am Ende ähnlich ist es bei Peter Boehringer, der Anfang 2018 Vorsitzender des Haushaltsausschusses im Bundestag wurde. Im Juli 2014, da war er noch nicht in der AfD, veröffentlichte er auf der radikal-libertären Internetseite *eigentümlich frei* die gekürzte Fassung eines Aufsatzes, in dem er sich auf die negativen Utopien in den Romanen »Schöne Neue Welt« von Aldous Huxley und »1984« von George Orwell bezog.[30] Das ist ein Unterschied zu der oben zitierten E-Mail: Diese verwies auf einen vermeintlich faktengetreuen Unsinn, Boehringer hingegen auf große Literatur, die ihre Fiktionalität offenlegt. Doch von diesen Romanen ließ er sich zu folgenden Sätzen inspirieren: »Es ist offensichtlich, dass auch die heutigen supranationalen Eliten auf einen solchen vollkontrollierten hierarchischen Weltstaat mit ihnen als oberster Kaste hinarbeiten. Wir erleben jeden Tag die (dafür erforderliche) Entmachtung der Nationalstaaten und die individuelle Entrechtung der Menschen (...). Die künftig geplante ›Schöne Neue Welt‹ wird mit aller totalitären Gewalt schon heute erzwungen.« Die »Denke der Welt-Kollektivisten« charakterisierte Boehringer so: »Hybris, Makroklempnerei, Kollektivismus, Wahnsinn, absolute Machtgeilheit, Menschenkonstruktivismus«. Am Ende des Textes heißt es: »Beobachten Sie künftig die gesellschaftlichen Entwicklungen und die Mainstream-Berichte im Lichte der hier beschriebenen Mechanismen. Viele Fragen werden sich so klären. Es hat eben doch alles Sinn, was wir für Wahn-Sinn halten.«

So bastelte sich Boehringer aus literarischen Fiktionen ein von Schreckgespenstern bevölkertes Weltmodell, dass er dann nicht mehr für eine Fiktion zu halten schien. Vielmehr glaubte er offenbar, das Modell befinde sich in einer Phase der Realisierung. Weil er aber von Fiktionen ausging, ist denkbar, dass für Boehringer die Fantasie von der großen Eliten-Verschwörung weniger eine detailliert beweisbare Tatsache war als vielmehr ein Konstrukt, in dem sich seine vor allem finanzpolitische Aggression wohlfühlte, auf Begriffe bringen und plausibel machen ließ.

So etwas findet sich auch bei anderen AfD-Politiker*innen. Eine offenbar schon vorher existente Wut sucht oder schafft sich einen Verschwörungsmythos und damit Bestätigung und Anstachelung. An einer Beweisführung für die Richtigkeit versucht sich so gut wie niemand. Geglaubt aber wird insbesondere der im Mythos festgeschriebene Freund-Feind-Gegensatz. Markiert werden Figuren, gegen die wegen ihrer Macht und Gefährlichkeit vorzugehen sei. Derjenige Teil der AfD, in dem solches Denken gepflegt wird, ist anschlussfähig für Personen und Gruppen, die Verschwörungsmythen für realistische Wirklichkeitsbeschreibungen halten und mit ihnen einen extremistischen, tatsächlich verschwörungsideologischen Kampf gegen die freiheitlich-demokratische Grundordnung begründen.

»Wenige Dunkelmänner«

Als Boehringer mit seinen Ideen von »Makroklempnerei« und »Menschenkonstruktivismus« im Frühjahr 2015 in die AfD eintrat, fand er eine Partei vor, in der das völkische Lager bereits den »Trägern der verheerenden Gesellschaftsexperimente« den Kampf angesagt hatte. Im März war die »Erfurter Resolution« veröffentlicht worden[31], das Gründungsdokument des »Flügels«. Darin wurde kundgetan, dass der Einsatz der AfD für eine »grundsätzliche politische Wende« zu »echten Auseinandersetzungen« führen werde. Wogegen sich dies letztlich richten sollte, machte einer der Erstunterzeichner der »Resolution«, Alexander Gauland, im Oktober 2018 deutlich. Zu bekämpfen habe man die angebliche Herrschaft einer »globalisierten Klasse«. Diese, schrieb Gauland in einem *FAZ*-Gastbeitrag, »sitzt in den international agierenden Unternehmen, in Organisationen wie der UN, in den Medien, Start-ups, Universitäten, NGOs, Stiftungen, in den Parteien und ihren

Apparaten, und weil sie die Informationen kontrolliert, gibt sie kulturell und politisch den Takt vor«.[32] Jener Klasse stehen in Gaulands Weltbild »die bürgerliche Mittelschicht« sowie »viele sogenannte einfache Menschen« gegenüber. Diese und ihre Lebensweise würden bedroht durch das, was im Interesse, ja, auf Anweisung jener Klasse betrieben werde. »Wir sind gerade dabei«, schrieb Gauland, »auf Geheiß der globalistischen Elite vieles von dem zu riskieren, was unser Land und unseren Erdteil lebenswert macht: den inneren Frieden, den Rechtsstaat, die soziale Sicherheit, die Gleichberechtigung der Frau, die Meinungs- und Religionsfreiheit. Mit einem Wort: unsere freiheitliche Art zu leben, die Heimat eben.«

Je weiter es innerhalb der AfD nach rechts geht, umso negativer wird die als Elite bezeichnete Gruppe dargestellt, umso aggressiver wird der Ton. Der bayerische AfD-Bundestagsabgeordnete Hansjörg Müller hielt im September 2019 am Tag der Offenen Tür des Bundestags in Fraktionsräumen einen Vortrag für interessierte Besucher*innen.[33] An die Wand über sich ließ er einige Thesen zur »Wirtschaftspolitik im nationalen Interesse« projizieren. Unter der Rubrik »Maßnahmen« stand dort: »Austausch illoyaler (= globalistisch-deutschfeindlicher) Führungskader in Wirtschaft und Politik«. Dazu führte er aus, dass »die großen Topmanager der großen deutschen Aktiengesellschaften« mit einem »globalistischen Bazillus überinfiziert« seien.

Was Björn Höcke über jene internationalen Eliten denkt, ist einem Heft zu entnehmen, das der *Compact*-Chefredakteur Jürgen Elsässer 2019 aus Redemanuskripten und Interview-Auszügen des AfD-Rechtsaußen zusammenstellte. Laut der dort abgedruckten Schriftfassung einer Rede bei Pegida im Mai 2018 warf

Höcke dem »Establishment der westlichen Welt« vor, es spiele »Gott«.[34] Wie spielt man Gott? Durch die »Auflösung der Staaten, der Völker, der Kulturen, ja sogar der Geschlechter, einfach aller Unterschiede und Gegensätze«. Als »Ursachen für Krieg, für Vertreibung, für Völkermord« identifizierte Höcke »wenige Dunkelmänner im Hintergrund, die von Gier und Machtgeilheit zerfressen sind«.

Laut Textfassung einer Leipziger Rede vom November 2017 glaubte Höcke »eine kleine Geldmachtelite« entdeckt zu haben, die »ihre Interessen auf Kosten aller Völker der Welt durchzusetzen trachtet«.[35] Den Kern jener »Geldmachtelite« bildeten die »wenigen hundert Letzteigentümer der miteinander verflochtenen internationalen Konzerne«. Diese »winzige Minderheit« bediene sich »willfähriger Dienstklassen, zu denen neben den Funktionseliten auch die korrumpierten politischen Klassen der westlichen Länder zählen«. Direkt hinter dieser Beschreibung der Weltlage steht ein Satz, der an den oben genannten Slogan »Mut zur Wahrheit« gemahnt: »Ein Patriot, der das erkannt hat, hat seinen wahren politischen Gegner erkannt.«

Es fällt schwer, bei Höckes Postulat von den »Letzteigentümern« nicht an antisemitische Verschwörungsideologien über ein »internationales Finanzjudentum« zu denken. Indes weisen Höcke und alle anderen AfDler solche Schlussfolgerungen zurück. Allerdings fragt sich, was Höcke denn so durch den Kopf ging, als er 2019 im Interview mit Elsässer den jüdischen, aus Ungarn stammenden Mäzen George Soros und den früheren deutschen Verfassungsschutzpräsidenten Hans-Georg Maaßen in einen Satz zwängte.[36] Dass Maaßen 2018 in den einstweiligen Ruhestand versetzt worden war, kommentierte Höcke mit Blick auf den

Verfassungsschutz so: »Spätestens mit dem Rauswurf von Hans-Georg Maaßen ist auch diese Institution zum reinen Exekutivorgan für den völkerauflösenden und als pervers zu bezeichnenden Geist eines George Soros geworden.«

Nicht alle in der AfD bewegen sich so beharrlich in Übergangszonen zu harten Verschwörungsideologien wie Höcke. Er repräsentiert damit nicht die Partei in ihrer Gänze, sondern hauptsächlich jene Strömung, die sich im »Flügel« sammelte. Doch weit über den »Flügel« hinaus besteht in der AfD die starke Neigung, einer internationalen, angeblich entwurzelt-kosmopolitischen Elite diktatorische Machenschaften zur Zerstörung der Völker und Nationen anzudichten. Zu den wichtigsten – und bösesten – »Machenschaften« wird in der Partei die Ermöglichung von Migration gezählt. Als eine Anleitung für sie, angeblich von langer Hand vorbereitet, wurde von der AfD im Herbst 2018 der UN-Migrationspakt angeprangert. Der sei ein »Trojanisches Pferd«, sagte der AfD-Bundestagsabgeordnete Gottfried Curio gleich im ersten Satz seiner diesbezüglichen Bundestagsrede im November jenes Jahres, also eine Kriegslist zur Eroberung einer belagerten Stadt.[37] »Dieser Pakt will betrügen«, fügte er hinzu und machte hinter dem UN-Dokument irgendwelche »undemokratischen, ja diktatorischen Akteure« aus. Regelrecht elektrisiert wirkte die gesamte Partei in diesen Monaten durch die Vorstellung, mit dem Pakt endlich mal eine heimliche Agenda der »globalistischen Klasse« in der Hand zu haben. Im Internet wurde eigens eine mittlerweile eingestellte Kampagnen-Plattform *migrationspakt-stoppen.de* eingerichtet.[38] Um »Umvolkung« gehe es bei dem Pakt und »darum, dass hier die Bevölkerung ausgetauscht wird«, ergänzte Curios Fraktionskollege Petr Bystron.[39]

Auch bei der Klimaschutzpolitik, deren Ablehnung Gauland im September 2019 »das dritte große Thema für die AfD« nach dem Euro und der Zuwanderung nannte, werden in weiten Teilen der Partei Manipulationen durch Interessengruppen unterstellt. Zu jener Zeit sagte der baden-württembergische Landtagsabgeordnete Emil Sänze über Klimaschutz-Demonstrant*innen, sie würden »nur das nachplappern, was ihnen die Lobbyisten in den Mund gelegt haben«. Sänze und seine Fraktionskollegin Christina Baum unterstellten den vornehmlich jugendlichen Kundgebungs-Teilnehmer*innen, »nur von der Klimalobby für deren Interessen wie putzige Tanzbären vorgeführt« zu werden.[40]

Björn Höcke führte im selben Monat bei der informellen Jahreshauptversammlung des »Flügels«, dem »Kyffhäusertreffen«, sogar den Aufstieg der Grünen aufs Geld zurück.[41] Dass die Grünen seit 2017 in Umfragen und bei diversen Wahlen deutlich hinzugewannen, habe mit einer »Mentalitätsmanipulation« zu tun, sagte Höcke und fügte hinzu: »Ja, wir wissen, da fließt viel, viel Geld im Hintergrund, und nichts in der Politik geschieht zufällig. Das war eine lang angelegte Strategie und Kampagne, die dort gefahren worden ist.«

Geschwätz und Geschichte

Dass sich so viele AfDler so oft in verschwörungsmythisches Fahrwasser begeben, liegt vorrangig an rechter Ideologie und Radikalität. Aber wenn jemand dauernd von sich aus mit solchen Mythen hantiert, ist wohl auch ein emotionaler Antrieb in Rechnung zu stellen. Es braucht ein starkes Bedürfnis und einen tiefen

Wunsch danach, immerzu zu raunen, dass finstere Cliquen hinter den Kulissen alles steuern beziehungsweise kaputtmachen wollen. Ohne solches Raunen geht es nicht. Denn Belege lassen sich nicht finden. Gäbe es sie, dann könnten auch rational agierende Menschen ohne Selbstdarstellungsbedürfnis über die Allgegenwärtigkeit von geheimen Machenschaften reden. Aber weil es keine Belege gibt, ist dieses Feld nur für diejenigen attraktiv, die es zur Verkündung ganz spezieller Wahrheiten drängt. Sie können mit Verschwörungsmythen suggerieren, dass sie erkannt hätten, was alle anderen noch nicht so richtig mitbekommen haben.

Björn Höcke etwa ließ sich beim »Kyffhäusertreffen« 2019 in einem Promo-Video[42] voller Zeitlupen-Sequenzen derart kitschig inszenieren, dass sich wenige Tage später sogar zahlreiche Mandats- und Funktionsträger*innen der AfD in einem »Appell« gegen »den exzessiv zur Schau gestellten Personenkult um Björn Höcke« wandten.[43] Er hält sich für das Mitglied einer »Omega«-Gruppe.[44] »Omegas« seien etwas Besonderes, nämlich »die ungeliebten Außenseiter des Systems, die auf mögliche Fehler und Irrwege hinweisen und damit eine ganz wichtige Funktion besitzen«. Sie seien »das Gegenmittel zur Normopathie«. Unter diesem Begriff hat man sich so etwas wie einen krankhaft übersteigerten Konformismus vorzustellen. Den findet Höcke in Deutschland fast überall. Außer natürlich bei sich selbst und seiner Anhängerschaft, weshalb jemand von seinem Schlage »ein Horror für die polit-mediale Klasse« sei.

Der frühere hessische Geschichtslehrer meint, das unterfüttern zu können. Als sich im November 2018 der »Flügel« in einer Kneipe bei Paderborn zum »Hermannstreffen«[45] versammelte, verkündete Höcke: »Europa ist Hamlet« und fügte eine vermeintliche Bescheidenheitsgeste hinzu: »Ich weiß, der eine oder andere mag denken: Jaja, schon wieder der Höcke mit seiner romantisch-poetischen Ader! Erst der Kyffhäuser und jetzt Hamlet! Geht es nicht vielleicht auch eine Nummer kleiner?«

Doch siehe da: Es ging ganz klein. Denn aus William Shakespeares Drama las er nicht etwa die melancholische Unentschlossenheit Hamlets heraus. Vielmehr reduzierte Höcke den Hamlet-Monolog in denkbar trivialster Weise auf die berühmte Zeile »Sein oder Nichtsein« und suggerierte, es gehe bei Hamlets Frage nur darum, ob man lieber tot sein oder lieber am Leben bleiben wolle. Diese Simplifizierung übertrug Höcke dann auf die europäischen Völker und erklärte, dass sie gegen den angeblichen Willen der EU-Kommission unbedingt am Leben bleiben, ihr Sein haben wollten. Sein Schluss lautete: »Liebe Freunde, gemeinsam mit unseren Freunden haben wir die Hamlet-Frage ›Sein oder Nichtsein?‹ mit einem klaren ›Ja!‹ zum Sein beantwortet.«

Besonders gern redet Höcke über Geschichtliches – oder das, was er dafür hält –, »weil ich ja tatsächlich eine historische Perspektive habe«, wie er beim »Kyffhäusertreffen« sagte. Diese Perspektive sieht etwa so aus, dass er Denkmuster der verschwörungsideologischen Propaganda vorträgt, wonach die Alliierten im Zweiten Weltkrieg alles Deutsche hätten auslöschen wollen. »Mit der Bombardierung Dresdens und der anderen deutschen Städte wollte man nichts anderes als uns unsere kollektive Identität rauben«, sagte Höcke bei seiner berühmt-berüchtigten »Denkmal-der-Schande«-Rede im Januar 2017.[46] »Man wollte uns mit Stumpf und Stiel vernichten, man wollte unsere Wurzeln roden.

Und zusammen mit der dann nach 1945 begonnenen systematischen Umerziehung hat man das auch fast geschafft.«

Der Verschwörungsmythos vom angeblichen Bestreben der Alliierten zur Abschaffung Deutschlands erhielt im November 2018 einen prominenten Platz auch bei der AfD-nahen Desiderius-Erasmus-Stiftung unter Erika Steinbach. Bei der allerersten öffentlichen Veranstaltung der Stiftung – zum hundertsten Jahrestag des Endes des Ersten Weltkriegs – bezeichnete der rheinland-pfälzische AfD-Politiker und Historiker Stefan Scheil die gesamte Zeit zwischen 1914 und 1945 als »dreißigjährigen Krieg«.[47] Nämlich als Krieg um die Frage, »ob es Deutschland gestattet wird, sich zu einer Art Weltmacht auf Augenhöhe mit anderen Mächten zu entwickeln« – oder ob Zentraleuropa »weiterhin das Objekt« außereuropäischer Mächte sein solle. Konkret ging Scheil darauf ein, dass nach 1918 von einigen gefordert wurde, was Hitler 1938 erzwang: die Vereinigung von Österreich und Deutschland. Diese Vereinigung sei unter Missachtung des Selbstbestimmungsrechts von außen verhindert worden. Denn, so Scheil: »Es hat, Nationalsozialismus hin oder her, natürlich auf westlicher Seite Befürchtungen wach werden lassen: Wenn man den Deutschen gestattet, nationale Selbstbestimmung auszuleben, (...) dann hat man einen Block mitten in Europa, der für jede andere Großmacht eine absolute Bedrohung sein wird.« Auf so eine Formulierung muss man erst einmal kommen: »Nationalsozialismus hin oder her«. Während der Podiumsdiskussion am Ende der Veranstaltung sagte Scheil, es habe nach 1945 zur »Gründungsurkunde der Bundesrepublik« gehört zu sagen, »wir müssen uns jetzt abschaffen«. Übrigens erregte sich AfD-Parteichef Jörg Meuthen im

April 2019 über die »Deutschland-Abschaffen-Pläne der Grünen«.[48] Und Gauland wetterte beim AfD-Bundesparteitag wenige Monate später gegen die »grün-schwarz-roten Deutschlandabschaffer«.[49]

Durch AfD-Kreisverbände zog Anfang 2020, kurz vor Ausbruch der Pandemie, ein Mann, der sich auf Verschwörungsmythen über das angeblich von den Alliierten praktizierte Kleinhalten Deutschlands spezialisiert hat: Thorsten Schulte, ein YouTuber und Autor, der sich »Silberjunge« nennen lässt. Von Rostock bis ins bayerische Aichach-Friedberg bereiste er damals die AfD-Basis und ließ die Besucher*innen auf Parteiveranstaltungen an seinen Meinungen in Bezug auf vermeintlich finstere Machenschaften der USA und Großbritanniens gegenüber Deutschland teilhaben. In Aichach-Friedberg[50] sagte Schulte über die deutsche Geschichte im 20. Jahrhundert, »dass es mir vor allem um die Schuld der Machtzentren in London und in Washington geht, die Hitler hätten stoppen können«. Aber, so Schulte, »man wollte ihn nicht stoppen. Und verdammt noch mal, die jungen Leute heute, die werden in einer unerträglichen Schuldkult-Erinnerungskultur großgezogen.« Die Zuhörer*innen sollten sein Buch »Fremdbestimmt« auf sich wirken lassen, und dann würden sie sehen, »dass unser deutsches Volk unglaubliche Opfer erleiden musste und unglaubliche Qualen. Heute macht man aus uns ein Tätervolk.« Goldene Worte des »Silberjungen« sind diese Sätze: »Ich verbreite keine Verschwörungstheorien. Wenn, dann reden wir über die Verschwörungspraktiken anderer. Das ist ein Unterschied.«

Schulte sattelte kurz danach von Verschwörungsmythen zum 20. Jahrhundert auf solche zur Pandemie um. Im Juli sagte er in Dortmund bei einer Kundgebung

gegen die Schutzmaßnahmen: »Es ist doch so eigen-
artig. Da verhängen die Chinesen am 23. Januar unglaubliche Quarantäne-Maßnahmen, und wir in der
Europäischen Union lassen hier jeden rein weiterhin.
Da sagen selbst sehr clevere Journalisten-Freunde zu
mir: ›Thorsten, man könnte ja auch glauben, dass das
so gewollt ist. Dass die wollen, dass sich das Virus aus-
breitet.‹ Und das halten dann viele für eine Verschwörungstheorie. Aber, Leute, so ticken leider die Mächtigen der Welt.«[51]

Die bösen Medien

Interessant ist Schulte auch deshalb, weil er auf You-
Tube eines der vielen rechten Gegenprogramme zu etablierten Medien produziert. Letztere werden ebenfalls
als Teil großer Verschwörungen gesehen. Zum Stan-
dardrepertoire der AfD gehört seit Jahren der Vorwurf,
Medien würden in einer nicht näher definierten Kooperation mit der Regierung und den anderen Parteien
die Menschen auf Linie bringen wollen. »Die etablierten Parteien und die mehrheitlich freiwillig ›gleichgeschalteten‹ Medien bemühen sich nach Kräften im
Verschweigen, Verharmlosen und Manipulieren«, hieß
es 2016 auf grammatisch eigenartige Weise im Wahl-
programm der baden-württembergischen AfD. Ebenso:
»Politiker aller im Bundestag vertretenen Parteien, allen voran die Bundeskanzlerin, ziehen alle Register
der Massenpsychologie und Massensuggestion, um
die Bevölkerung zu täuschen. Sie werden darin von einer weitgehend gleichgeschalteten Medienlandschaft
unterstützt.«[52]

Das Bundesamt für Verfassungsschutz vermerkte in einem Gutachten über die AfD, dass Benjamin Nolte, bayerischer Landtagswahlkandidat 2018, im August jenes Jahres während einer Veranstaltung gesagt habe, in Bayern werde die »schwarze Mafia« von der »Medien-Mafia« unterstützt. Weiter habe Nolte über »ein Problem mit ganzen Gruppen psychisch kranker Einzeltäter« gesprochen. Diese fänden sich in der Bundesregierung und unter deren »Helfershelfern in den Medien«.[53] Im September 2018 sagte Alexander Gauland der *FAZ*: »Diejenigen, die die Politik Merkels mittragen, das sind auch Leute aus anderen Parteien und leider auch aus den Medien. Die möchte ich aus der Verantwortung vertreiben.«[54] Dass es eine »linke Medienmafia« gebe, behauptete 2018 auch Thomas Jürgewitz, der ein Jahr später für die AfD in die Bremische Bürgerschaft einzog.[55]

Zu Corona-Zeiten wurde weiter aufgedreht. Im Oktober 2020 fand in einem Anhörungssaal des Bundestages die zweite »Konferenz der freien Medien« statt, zu der mehrere AfD-Abgeordnete eingeladen hatten, darunter Udo Hemmelgarn.[56] Als er die der Partei eher wohlgesinnten YouTuber*innen und Blogger*innen »im Namen der AfD-Bundestagsfraktion« begrüßte, bezeichnete er eine angebliche »Informationsmaschinerie aus öffentlich-rechtlichen Medien und staatstreuem Journalismus« als »Sprachrohr eines gesteuerten Mainstreams«. Es gebe einen »politisch-medialen Komplex«, der »mit Unsummen« versuche, »die Massen zu manipulieren«. Anschließend behauptete Hemmelgarns Fraktionskollege Martin Renner, »die vierte Gewalt«, also der Journalismus, nehme »immer unverfrorener Platz an der Tafel der politisch, ökonomisch Herrschenden«. Journalismus sei »zum Komplizen,

Vordenker und Herold der politisch Mächtigen« geworden.[57]

Dass Medien in Kooperation mit Mächtigen die Volksmassen manipulieren würden, ist ein Kernelement vieler radikaler Ideologien – links wie rechts – und muss per se nicht verschwörungsmythisch sein. Allerdings entstehen vor allem in den besonders radikalen Strömungen der AfD breite Übergänge zu Verschwörungsmythen. Etwa in der Form, dass mit Begriffen wie »Medien-Mafia« die reale Möglichkeit einer klandestinen Manipulationsorganisation heraufbeschworen wird. Zudem erhalten bei der Partei auch diejenigen einen Raum, die zu wissen behaupten, mit welchen Technologien der Bewusstseinssteuerung jenes angebliche Kartell arbeite. Als Redner geladen war bei der genannten Konferenz unter anderem der Schriftsteller und PR-Berater Thor Kunkel, der auch schon für die AfD gearbeitet hatte. Aus Science-Fiction-Versatzstücken bastelte Kunkel im Bundestag die Vorstellung eines Gehirn-Vertaktens im Dienst eines *deep state*, eines verborgenen Herrschaftsapparats von wenigen: Die »Mainstream-Medien« seien »inzwischen perfekt synchronisiert« und arbeiteten an der Verbreitung von »denknotwendigen Normen für jeden jungen Mann, für jede junge Frau, der (sic!) noch in dieser Gesellschaft Karriere machen will«. An jenen Normen entscheide sich, »wer dann auch mal später zum *deep state* aus Medienfürsten, Politdarstellern und humansozialistischen Selbstbereicherern zählen wird«. In den Medien würden »Denkprothesen« produziert, »analog etwas zu Apps und Algorithmen, eine Art Geh-Hilfe des Gehirns«. Wer diese konsequent nutze, »dürfte als menschliches Wesen komplett in den staatlich gelenkten Informationsregelkreisläufen aufgehen«.[58]

»Alternative Medien«

Wer Kunkels kruder Logik glaubt, wird mit Blick auf den Journalismus nicht mehr zwischen überzeugenden und weniger überzeugenden Texten unterscheiden, nicht mehr zwischen gut und schlecht recherchierten Berichten. Sondern nur noch zwischen »Mainstream« und »alternativ«. Entsprechend legitimiert sich ein ganzer Publikationssektor – zu dem so fragwürdige Produkte wie *PI-News*, *Compact* oder *Rubikon* gehören – oft nur dadurch, dass es dort »Informationen« gebe, »die niemand sonst zur Verfügung stellt«, wie es bei *Rubikon* heißt.[59]

Das Erstarken dieses Sektors hat zunächst auch damit zu tun, dass viele Menschen glauben, sie bräuchten den regelgeleiteten Journalismus nicht mehr. Aber besonders groß ist das Ausmaß der Abkehr von Publikumsmedien bei »Querdenkern« und Corona-Leugner*innen. Die genannte Konstanzer Studie ergab, dass die Demonstrant*innen in Zusammenhang mit Corona viel stärker WhatsApp oder Telegram nutzen als Zeitungen, Radio oder Fernsehen. Dabei dürften auch Verschwörungsmythen eine Rolle spielen. In der Baseler Studie stimmten mehr als 70 Prozent der Befragten der Aussage zu, dass Medien und Politik »unter einer Decke stecken«.

Ein Beispiel: Spricht man mit Impfgegner*innen, so führen diese als angeblichen Beleg für die Steuerung der Medien durch die Herrschenden an, dass immer wieder mehrere Blätter oder Sender über den gleichen Sachverhalt berichten. Sie meinen also nicht, dass *FAZ* und *Tagesschau* vernünftige Journalist*innen haben, die bei der Einschätzung des jeweils Wichtigen und Wahren des Öfteren zu ähnlichen Bewertungen kommen. Vielmehr denken sie, diese würden gewissermaßen im Pulk Berichtsvorgaben »von oben« befolgen. Damit wollen sie nichts zu tun haben. Deshalb schenken sie bei Themen, zu denen sie eine vorgefasste Ansicht haben, den sich nicht durchsetzenden Meinungen oft mehr Gehör als dem Gesicherten. Diese Menschen haben sich insofern abgekoppelt, als sie regelgeleitetem Journalismus, staatlichen Institutionen und der Wissenschaft grundsätzlich misstrauen und »alternative Medien« für per se glaubwürdig halten.

Was genau aber soll glaubwürdig sein? Die jeweilige Information? Oder ist Glaubwürdigkeit nicht eher eine Umschreibung für Abweichung vom allgemein Geteilten? »Dissens wird als solcher honoriert«, schreiben die Baseler Soziolog*innen über das »Querdenken«-Milieu. »Man will Fragen stellen können. Kritik bekommt dadurch einen ethischen Eigenwert, sie wird sich selbst zum Hauptzweck. Wichtig ist nicht, wogegen man konkret ist, sondern dass man dagegen ist.« Entsprechend richte sich die Kritik der Demonstrierenden »weniger auf konkrete Maßnahmen, sondern auf die Tatsache, dass Kritik nicht möglich sei«.

Was das für Journalist*innen bedeutet, musste die TV-Moderatorin Dunja Hayali Anfang August 2020 auf der ersten großen Corona-Kundgebung in Berlin erfahren. Als sie zahlreiche Teilnehmer*innen nach deren Motivation befragte, gaben viele nicht etwa eine Auskunft, sondern warfen Hayali vor, Teil der »Lügenpresse« zu sein. »Schämt euch, schämt euch«, rief eine ganze Gruppe von Demonstrierenden dem Team zu. Die Situation spitzte sich so sehr zu, dass die Dreharbeiten abgebrochen werden mussten. Das Interesse eines etablierten Mediums wurde also nicht als Möglichkeit genutzt, die eigene Meinung vorzutragen, sondern als

Anlass, das Medium anzugreifen, weil es Meinungen unterdrücken würde. Auf diese Weise schützt man die eigene Position davor, hinterfragt zu werden, und kann sie als angeblich unterdrückte absolut setzen. In Hayalis Worten: »Schlimm finde ich die, die uns immer irgendwas unterstellen, was von Meinungsfreiheit faseln – aber diese Meinungsfreiheit gilt offensichtlich nur für sie selbst.«[60]

Nicht alle, die Journalist*innen grundsätzlich zurückweisen, sind automatisch aggressiv oder gewalttätig. Doch 2020 verdoppelte sich die Gesamtzahl der Angriffe auf Medienvertreter*innen in Deutschland gegenüber dem Vorjahr auf 252.[61] Nach Aussagen von Betroffenen fanden viele dieser Attacken auf solchen Kundgebungen statt.

Extremismus

Aus der Verachtung regelgeleiteter Medien hat Jürgen Elsässer ein rechtsradikales Geschäftsmodell gemacht. Der Chefredakteur des vom Verfassungsschutz als Verdachtsfall beobachteten *Compact*-Magazins betätigt sich unter anderem mit *CompactTV* auch auf diversen Internet-Kanälen. Elsässer hält Teile der AfD für nicht radikal genug, präsentiert aber immer wieder deren Wahlspruch »Mut zur Wahrheit« und lässt ihn in Video-Einblendungen in *mut-zum-abo.de* übergehen.

Regelrecht spezialisiert haben sich Elsässers Medien auf die Verbreitung von Verschwörungsideologien. Eine ganze *Compact*-Sonderausgabe handelt von einem angeblichen »tiefen Staat«. Der sei, so Elsässer, »ein Geflecht aus Geheimdiensten, Wirtschaftsbossen,

Börsengurus, linken Medien«[62]. Diese Behauptung ist eine Grundlage der QAnon-Ideologie, die wir noch eingehend beschreiben werden. Obwohl Elsässer nach eigener Aussage nicht an QAnon glaubt, spielt er immer wieder mit Bezügen zu dieser Verschwörungsideologie, die in der Behauptung gipfelt, eine internationale Elite entführe Kinder, um aus deren Blut eine Verjüngungsdroge zu gewinnen. »Kinderschänder: Die Netzwerke der Eliten«, lautet der Titel eines im Juni 2020 erschienenen *Compact*-Taschenbuchs von Elsässer.[63] In dem Jahr sah man ihn auf Demos an prominenter Stelle »Querdenken«-Fähnchen und Werbematerial verteilen. Breit wird auf den *Compact*-Kanälen über das Protestgeschehen berichtet. Darin würden sich «uralte Sehnsüchte nach einer anderen Gesellschaft» Bahn brechen.[64] Brandenburgs Verfassungsschutzpräsident Jörg Müller sieht in Elsässer einen »Geschäftsmann«, der nicht nur seine Produkte verkaufen, sondern »auch für seine rechtsextremistisch motivierten Einstellungen werben« will.[65]

Anschlussfähig ist Elsässer auch gegenüber der Reichsbürger-Bewegung und ihrer Behauptung, Deutschland sei seit 1945 kein souveränes Land mehr, sondern werde von den Siegermächten gesteuert. »Magazin für Souveränität« nennt Elsässer *Compact*. Auf dessen Twitter-Account wurde der Tag der zweiten Groß-Demonstration in Berlin schon im Voraus als »wichtigster Tag seit 1945« bezeichnet. Damit fügte der ehemals linksradikale Elsässer die Kundgebung seinem heutigen rechtsextremen Geschichtsbild ein. Seit Jahren wird auf seinen Kanälen die Kriegsschuld der Nazis relativiert und im Stil antisemitischer Verschwörungsideologien davon geraunt, dass die Westalliierten und zumal die USA vor und nach dem Zweiten Weltkrieg die dauerhafte Unterjochung Deutschlands betrieben hätten. Indem Elsässer nun die Proteste gegen die Corona-Schutzmaßnahmen auf 1945 bezog, versuchte er den vermeintlichen Volkswiderstand von heute als Aufstand gegen ein angeblich seit Kriegsende bestehendes Unterdrückungsregime erscheinen zu lassen.

Schon im Februar 2019 übrigens hatte Elsässer im schwäbischen Burladingen eine Veranstaltung moderiert, wo mehrere AfD-Politiker*innen auftraten, die damals wegen rechtsextremer Tendenzen aus der Partei ausgeschlossen werden sollten, unter anderem die frühere schleswig-holsteinische AfD-Landeschefin Doris von Sayn-Wittgenstein. Sie hatte 2014 für den von Holocaust-Leugner*innen mitgegründeten Verein »Gedächtnisstätte« geworben. Wegen der gegen sie verhängten AfD-Ordnungsmaßnahmen bezeichnete Elsässer von Sayn-Wittgenstein als »Opfer« einer »Säuberungskampagne«.

Antisemitismus

Beim Verein »Gedächtnisstätte« im thüringischen Guthmannshausen war auch schon der wegen Volksverhetzung verurteilte Videoblogger Nikolai Nerling. Der 2018 fristlos entlassene ehemalige Berliner Grundschullehrer verbreitet unter dem Namen »Volkslehrer« seit mehreren Jahren antisemitische und rechtsextreme Positionen. Früher hatte Nerling die ebenfalls wegen Volksverhetzung verurteilte Rechtsextremistin Ursula Haverbeck-Wetzel interviewt. Sie leugnete ihm gegenüber den Holocaust und rief laut Verfassungsschutz dazu auf, »sich dafür einzusetzen, dass diese Lüge und diese Schuldenlast, die auf dem deutschen Volk liegt, gehoben wird«.[66] Schon kurz nach Beginn der Pandemie stellte Nerling das Infektionsschutzgesetz – die rechtsstaatliche Grundlage der meisten Corona-Eindämmungsverordnungen – als Instrument der Bundesregierung zur Unterjochung kritischer Bürger*innen dar. Es sei, so Nerling in einem Video mit dem Titel »Corona Conto Holocaust«, ein »ideales Mittel«, um sich »unliebsamer Persönlichkeiten« zu entledigen.[67] Zudem bezweifelte er, ob Viren überhaupt existieren.[68] Er berichtete von fast allen großen Demonstrationen gegen die Schutzmaßnahmen. Bei der großen Kundgebung Ende August 2020 in Berlin trat er selbst auf einer Bühne am Reichstag auf.

Nerling und Elsässer sind nur zwei Beispiele dafür, wie Rechtsextreme mithilfe von Verschwörungsideologien die Pandemie für sich zu nutzen und dabei breitere Bündnisse herzustellen versuchen. In einer Studie im Auftrag des Auswärtigen Amtes zu transnationalem Rechtsterrorismus heißt es, gerade die Pandemie-Zeit mache es Rechtsextremen möglich, ihre »Mobilisierungsbemühungen rund um regierungsfeindliche Verschwörungsmythen« auszubauen.[69] Dazu gehöre etwa, dass die Schutzmaßnahmen als Errichtung eines »Polizeistaates« interpretiert werden. Zudem wolle die Szene die Debatte über Corona-Impfstoffe ausnutzen, um Impfgegner*innen für ihre Zwecke einzuspannen.

Beunruhigen muss vor allem, dass 2020 das Ausmaß des Judenhasses in Deutschland noch sichtbarer geworden ist. Verschwörungserzählungen dienen oft »als Umwegkommunikation von antisemitischen Haltungen«, schreiben die Autor*innen der erwähnten Leipziger Autoritarismusstudie. Gut zehn Prozent der dort Befragten sind »manifest« davon überzeugt, dass »auch heute noch der Einfluss der Juden zu groß« sei. Auf ähnliche Zustimmung trifft der Satz: »Man darf ja nicht sagen, was man über die Juden wirklich denkt.« Sieben Prozent finden, Jüdinnen und Juden würden »mehr als andere Menschen mit üblen Tricks arbeiten, um das zu erreichen, was sie wollen«. Voll überzeugt hiervon sind demnach gut elf Prozent der Ostdeutschen.

Antisemitismus ist der älteste Verschwörungsmythos der Welt. Es gibt ihn, seit es Jüdinnen und Juden gibt. Sie wurden für Pestepidemien verantwortlich gemacht. Seit Jahrhunderten existieren Lügengebäude über angebliche Ritualmorde an Kindern, deren Blut sie trinken würden. Brunnen würden sie vergiften. Derlei Codes und Chiffren funktionieren bis heute – man denke nur an die erwähnte Fake-Geschichte von den Chemikalien im Wasserwerk. Das antisemitische Muster solcher Mythen besteht auch dort, wo das Wort »jüdisch« weggelassen wird. Dass eine geheime Elite die Bedrohung durch die Pandemie aus Geldgier und Machtstreben erfinden und instrumentalisieren würde, entspricht der alten Konstruktion vom »internationalen Finanzjudentum«. Neben dem Weglassen des Schlüsselwortes gibt es noch eine weitere Möglichkeit, antisemitische Denkmuster zu reproduzieren, ohne sich mit ihnen explizit zu identifizieren. Nämlich, sich dazu nicht zu verhalten. So ist besorgniserregend, wie in der Baseler Befragung von »Querdenkern« die Reaktionen auf die antisemitische Aussage ausfielen, dass »der Einfluss von Juden auf die Politik auch heute noch zu groß« sei. Die große Mehrheit stimmte dem nicht zu. Aber »keine Angaben« machten 29 Prozent. »Es ist nicht unwahrscheinlich«, schreiben hierzu die Autor*innen, »dass viele Personen mit latenten antisemitischen Vorurteilen durch Nichtbeantwortung der Frage gewissermaßen ›ausgewichen‹

sind«. Zwar lasse sich dies noch nicht valide feststellen. Aber insgesamt sei »die relative Neigung zum Antisemitismus insofern nicht überraschend, als wir es mit einer Bewegung zu tun haben, die viele Bezüge und eine hohe Neigung zum verschwörungstheoretischen Denken aufweist«.

QAnon

Die weltweit dramatischste Verschwörungsideologie, die sich während der Pandemie rasend verbreitete, ist QAnon. Sie vereint in sich alle bisherigen Mythen dieses Typs. Für manche Corona-Leugner*innen wurde sie vor allem deshalb interessant, weil im Zusammenhang mit ihr zahllose Falschbehauptungen über das Virus und dessen angebliche Instrumentalisierung durch finsterste Mächte lanciert wurden.

QAnon handelt von einem vermeintlichen *deep state* aus US-Demokrat*innen, jüdischen Unternehmer*innen sowie Prominenten, die die Geschicke dieser Welt lenkten. Nebenbei würden sie Kinder in unterirdischen Tunneln foltern, um eine Substanz namens Adrenochrom abzuschöpfen, die in Momenten der größten Todesangst hochkonzentriert ausgeschüttet würde. In einem kurzen Video erzählte der Popsänger Xavier Naidoo im April 2020 schluchzend: »Wenn ich's richtig verstehe, werden in diesen Momenten in verschiedenen Ländern der Erde Kinder aus den Händen pädophiler Netzwerke befreit. Aber nicht so, wie ihr denkt. Nicht das Pädophile, was wir meinen. Adrenochrom. So langsam habe ich das Puzzle zusammensetzen können (...) Das ist eine Riesenindustrie, die Kinder foltert, mordet.«[70]

Wer Adrenochrom konsumiere, so geht der QAnon-Mythos weiter, könne den Alterungsprozess aufhalten. Hillary Clinton und Angela Merkel würden davon ebenso profitieren wie Tom Hanks und Bill Gates. Die Verschwörer*innen würden Parlamente und Geheimdienste, Medien und Jugendämter steuern. Donald Trump sei der Einzige, der diesen bösen Mächten gefährlich werden könne.

Der Name QAnon bezieht sich auf einen bislang anonymen Internetnutzer, der vermeintlich brisante Informationen leakt, die angeblich aus dem Weißen Haus stammen. Das Wort setzt sich zusammen aus »Q clearance patriot« – kurz »Q« – und »Anon« für »Anonymous«. »Q« ist eine Anspielung auf die höchste Sicherheitsstufe des US-Energieministeriums. Wer diese Stufe innehat, ist in den USA berechtigt, Zugang zu geheimen Informationen über atomare Waffen zu bekommen. Bis Ende 2020 postete der vermeintliche Insider etwa 5000 seiner sogenannten Q-Drops. In denen finden sich rätselhafte Anspielungen auf Politiker*innen, oft auch bloß kryptische Zeichen und Andeutungen wie »Ich habe zu viel gesagt« oder »Einiges muss bis zum Ende Verschlusssache bleiben«. Dadurch fühlten sich viele User ermuntert, die Botschaften gemeinsam im Internet zu entschlüsseln. So wurde QAnon zu einer Beschäftigung von Hunderttausenden. Die Faszination war nicht einmal durch offensichtliche Fehlprognosen von »Q« zu erschüttern. Dabei war schon seine erste Botschaft im Oktober 2017 falsch: »Hillary Clinton wird zwischen 7.45 und 8.30 Uhr Ostküstenzeit am Montag festgenommen.« Clintons Auslieferung sei bereits im Gange, es sei mit massiven Straßenunruhen zu rechnen, »andere« würden versuchen, aus dem Land zu fliehen. Obwohl nichts davon stimmte, traf der Autor offenbar den Nerv einer Community, in der sich Fantasien über die Bestrafung von politischen Gegner*innen mit dem Lechzen nach geheimem »Wissen« verbinden.

Versammelt war die Community zunächst auf dem Imageboard *4Chan*, genauer, auf dessen Unterforum *Politically Incorrect*. Später wechselte »Q« zu *8Chan*. Dies ist eins der anonymen Foren, die als Sammelbecken für Hass und Hetze, Rassismus und Antisemitismus, Antifeminismus und Sexismus gelten. Solche Foren ziehen vor allem junge weiße Männer an. Kenner*innen der Szene sagen: Viele von ihnen führen ein einsames Leben. Zu ihren Machtfantasien gehören nicht nur Umstürze und Gewalt, sondern auch, dass sie mit Fake News die Welt überfluten können. Also müssen sie dranbleiben.

8Chan war 2013 vom Software-Entwickler Fredrick Brennan gegründet worden, der sich aber schon zwei Jahre später von seiner Erfindung distanzierte: »Macht die Website dicht. Sie bringt der Welt nichts Gutes.« Über das Unterforum *Politically Incorrect* sagte er: »Es ist ein Neonazi-Board unter dem Deckmantel der freien Meinungsäußerung.«[71] Es sei der perfekte Ort, »um sich einer gefährlichen Ideologie ganz schleichend zu nähern«.

8Chan wurde 2019 geschlossen, um kurze Zeit später wieder unter dem Namen *8Kun* aufzutauchen. In der Übergangszeit wurde ein Betreiber dieser Seiten, Jim Watkins, vor dem US-Kongress befragt, weil mindestens drei rechtsextreme Attentäter dem *8Chan*-Umfeld zugerechnet werden konnten. Es waren die Attentäter von Christchurch (Neuseeland, März 2019), von Poway (Kalifornien, April 2019) und El Paso (Texas, August 2019) mit insgesamt 74 Toten. Seitdem werden illegale Inhalte auf der Plattform gelöscht. Doch legale Hassrede bleibt dort weiterhin erlaubt. Vermutlich hat sich auch der

Attentäter von Halle, der im Oktober 2019 an Jom Kippur, dem höchsten jüdischen Feiertag, zwei Menschen tötete, auf *8chan* radikalisiert.

Der glühende Trump-Anhänger Watkins erklärte einmal, dass er zwar kein Anhänger der »White Supremacy« sei. Er habe aber auch kein Problem damit, dass Propagandist*innen dieser Ideologie von der »Vorherrschaft der Weißen« auf seinen Foren präsent sind.

Weil rechte Journalist*innen und bekannte Verschwörungsideolog*innen »Q«s Botschaften aufgriffen, schaffte QAnon den Sprung in den populären Teil des Internets – und erreichte dort viele Fans von Trump sowie Unterstützer*innen der amerikanischen ultrarechten, rassistischen Alt-Right-Bewegung. Auch die Verschwörungsmythen mit Bezug auf Bill Gates hatten ihren Ursprung im Umfeld des QAnon-Netzwerkes.

Wer aber nun ist der mysteriöse »Q«? Darüber kursieren verschiedenste Theorien. Technische Auswertungen legen nahe, dass mindestens zwei Autor*innen an den »Q-Drops« geschrieben haben müssen.[72] Inzwischen deutet immer mehr darauf hin, dass der *8Kun*-Betreiber Watkins und dessen Sohn hinter dem Kult stecken oder zumindest zeitweise daran beteiligt waren. Dafür spricht: Watkins spielt auf seinem YouTube-Kanal offen mit Codes und Abkürzungen, die sich auf »Q« beziehen. Zudem hat sein Forum *8Kun* dieselbe IP-Adresse wie die inzwischen offline genommene QAnon-Fanseite *Qmap*. Ein von ihm gegründeter Wahlkampffonds nennt sich »Disarm the Deep State« – »Entwaffnet den tiefen Staat«.

Dass sich die QAnon-Community leidenschaftlich für Donald Trump einsetzte, schien diesen nicht zu stören. Als er sich auf die Frage eines Reporters erstmals zu der Bewegung äußerte, gab er an, darüber nicht viel zu wissen – »außer dass ich gehört habe, dass sie mich sehr mögen, was ich zu schätzen weiß«. Dies nahm die Community zum Anlass, ihre Inhalte im Netz noch heftiger zirkulieren zu lassen. Bald darauf bezeichnete Trump die Mitglieder der Bewegung als »Leute, die unser Land lieben«. Später weigerte er sich, sich von QAnon zu distanzieren. Er wisse darüber nur, dass man dort »gegen Pädophilie« sei.

Bei Trumps Veranstaltungen im Präsidentschaftswahlkampf 2020 gehörten »Q«-Shirts zur Ausrüstung vieler seiner Unterstützer*innen. Laut einer im September 2020 veröffentlichten Umfrage glaubten 56 Prozent der Republikaner, dass die Mythen von »Q« ganz oder teilweise der Wahrheit entsprächen.[73] Insgesamt bekannten sich fast 100 Kandidat*innen bei der Wahl zum US-Kongress zu QAnon,[74] ins Repräsentantenhaus schafften es die Republikanerinnen Marjorie Taylor Greene und Lauren Boebert.

Spätestens seit am 6. Januar 2021 ein militanter Mob das Kapitol in Washington stürmte, ist QAnon der Welt ein Begriff. Es war der Tag, als der Wahlsieg Joe Bidens bestätigt werden sollte. Tausende Anhänger*innen des Verlierers Trump waren auf dessen Geheiß nach Washington gekommen, um für den Verbleib ihres Präsidenten im Weißen Haus und gegen angebliche Wahlfälschungen zu kämpfen. Trump redete vor der Menge und rief sie dazu auf, »wie verrückt« zu kämpfen. Unter denen, die dann das Kapitol stürmten, waren viele, die sich erkennbar dem Kult zugehörig fühlten. Zur Symbolfigur wurde ein »Q-Schamane« genannter, im Gesicht mit der US-Flagge bemalter Mann, der als Kopfschmuck Hörner trug und damit eine archaische Inszenierung von vorzivilisatorischer Gewalt und kämpferischer Männlichkeit zur Schau stellte. Nach dem Eindringen ins Kapitol hinterließ er auf dem Schreibtisch des damaligen Vizepräsidenten Mike Pence eine Notiz: »Es ist nur eine Frage der Zeit, Gerechtigkeit kommt.« Fünf Menschen starben, darunter ein Polizist.

Deutlich wurde, was sich in den USA zusammengebraut hatte: Aus der Verbindung von Gewaltkult und Rechtsradikalismus mit dem Glauben an eine Eliten-Verschwörung gegen das Volk waren Rache- und Umsturzfantasien entstanden. Es sei schwer, sagte der frühere FBI-Chef James Comey, »Menschen aus dem Nebel an Lügen zurückzuholen, in dem sie gefangen sind«. Wie schwer das tatsächlich sein dürfte, machte er mit folgendem Satz deutlich: »Wichtig ist für sie, dass sie einen Weg aus dem Gestrüpp heraus finden können, ohne öffentlich zugeben zu müssen, wie falsch sie lagen.«[75]

Der Extremismus-Forscher Peter Neumann vom Londoner King's College hält die QAnon-Bewegung für die gefährlichste unserer Zeit.[76] Besorgniserregend sei schon die Zahl der Anhänger*innen – er schätzt sie auf rund eine Million –, besonders aber, dass viele von ihnen in den USA schwer bewaffnet seien. Dort habe QAnon auch einen nicht zu unterschätzenden Rückhalt in der Bevölkerung. Ableiten lasse sich das etwa daraus, dass von den Mitgliedern der Republikaner rund 20 Prozent Verständnis für den Kapitol-Sturm äußerten.[77] Im Übrigen, und das mache die Sache noch schlimmer, habe die Bewegung bereits Teile des Militärs und der

Polizei infiltriert. Schon 2019 stufte das FBI QAnon als inländische terroristische Gefahr ein.

Importiert

In Deutschland zeigten sich viele Teilnehmer*innen bei »Querdenken«-Demonstrationen seltsam indifferent gegenüber QAnon. Bei einer Online-Befragung stand zur Wahl, ob man diesen Kult ablehne oder unterstütze – oder die Haltung »weder noch« habe. Und wer sich nicht äußern wollte, konnte einfach weiterklicken. 51 Prozent kreuzten »weder noch« an.[78] Also kein Pro (für das sich fünf Prozent entschieden), kein Kontra (gut 40 Prozent), keine Aussageverweigerung, sondern offen bekundete Indifferenz. Mehr als die Hälfte wollte sich gegenüber einer der gefährlichsten Lügen des Planeten nicht festlegen.

Deutsche Expert*innen beobachten die Ausbreitung von QAnon mit Sorge: Einige Anhänger*innen könnten zu Waffen greifen, wenn die erträumte Revolution zu lange auf sich warten ließe.[79] Bis 2020 bewegte sich der Verschwörungsmythos auch hierzulande in Nischen des Internets. Mit Beginn der Pandemie aber wurden deutsche QAnon-Anhänger*innen im öffentlichen Raum wahrnehmbar, vor allem bei den großen Demonstrationen in Berlin. Auf T-Shirts und Fahnen stand »Q« oder »WWG1WGA«, ein Akronym für »Where We Go One We Go All«. Übersetzt heißt dies sinngemäß: »Einer für alle, alle für einen.« Auch ein weißes Kaninchen diente als Symbol. Es ist eine Anspielung auf die Erzählung »Alice im Wunderland«. Der Slogan »Folge dem weißen Kaninchen« – »Follow the white rabbit« – soll im QAnon-Kosmos Menschen dazu ermutigen, Mutmaßungen nachzugehen und so die große Weltverschwörung aufzudecken. Bilder von Trump waren ebenfalls auf T-Shirts von Demonstrierenden zu sehen. Denn er, so glaubten einige, hätte geplant, den Deutschen endlich ihre Souveränität zu schenken – womöglich paradoxerweise mit einer Militärintervention.

Daran scheint auch Tamara K. gedacht zu haben. Die Heilpraktikerin aus der Eifel mit auffälligen langen Dreadlocks rief auf einer Bühne während der Demonstration am 29. August 2020, Trump sei in Berlin und warte auf ein Zeichen der Protestierenden. Daraufhin stürmten Hunderte los, überwanden die Absperrungen und besetzten die Treppen des Reichstagsgebäudes. Einige von ihnen schwenkten Reichsflaggen. Auf den damaligen US-Präsidenten warteten sie vergeblich.

Mit ihrer Rede wurde Tamara K. für einige Tage zur Symbolfigur der deutschen QAnon-Bewegung. Die vierfache Mutter war bis zu ihrem Auftritt die Synchronstimme auf dem größten Verbreitungskanal von QAnon-Inhalten im deutschsprachigen Raum. Sie sprach eine Zeit lang die Übersetzung des sogenannten X22-Reports, einer amerikanischen »Q«-Propaganda-Sendung auf YouTube. Hiermit hat *Qlobal Change*, kurz: »QC«, seit Oktober 2019 Zehntausende von Deutschen erreicht. Die *New York Times* schrieb im Oktober 2020, mit mehr als 200 000 Sympathisant*innen gebe es in Deutschland die größte Community außerhalb des englischsprachigen Raums.[80] Seit Ausbruch der Pandemie sind hierzulande im Internet die Abrufe der QAnon-Inhalte sprunghaft gestiegen. Als Forscher*innen des britischen Institute for Strategic Dialogue (ISD) und des US-amerikanischen Start-ups NewsGuard im Sommer 2020 anhand von 200 000 Facebook-Beiträgen die rasante Ausbreitung jener Inhalte analysierten, lokalisierten sie drei der weltweit zehn aktivsten QAnon-Communitys im deutschsprachigen Raum.[81] Solche Beobachtungen alarmieren die Sicherheitsbehörden. In jenen Gruppen verschiebe sich »die Vorstellung von Wahrheit«, sagte der bayerische Verfassungsschutzpräsident Burkhard Körner. Und das könne manchen zu dem Schluss verleiten, »zur Tat schreiten zu müssen«.[82]

Internet

Dass sich Verschwörungsmythen rasch verbreiten, ist an sich kein neues Phänomen. So wie es immer Menschen gibt, die von sich behaupten, über geheime Informationen zu verfügen, gibt es auch immer Menschen – insbesondere in Krisenzeiten –, die diese Erzählungen bereitwillig rezipieren. Das hat es schon vor dem digitalen Zeitalter gegeben.

Heute aber vollzieht sich das hauptsächlich im Internet. Das heißt nicht, dass dieses per se für eine Radikalisierung verantwortlich wäre. Jedoch: Allein die Empfehlungs-Algorithmen der großen Plattformen wie Facebook oder YouTube spülen »Q«s Verschwörungserzählungen Tag für Tag in zahllose Profile.

Dass Algorithmen gefährlich werden können, wurde bei Facebook schon 2016 festgestellt. 64 Prozent aller Beitritte in extremistische Gruppen ließen sich auf die Empfehlungstools des Unternehmens zurückführen, warnte damals eine Mitarbeiterin.[83] Entscheidend ist dabei die messbare Interaktion von Nutzer*innen. Wer etwas teilt oder kommentiert, erzeugt Daten und verrät damit etwas über eigene Vorlieben. Firmen, die diese Vorlieben bedienen wollen, haben bei Facebook und Co. die Möglichkeit, den jeweiligen Nutzer*innen

66

passgenaue Angebote anzeigen zu lassen. Das spielte QAnon in die Hände, nachdem der Kult aus den Tiefen des Internets in die großen sozialen Netzwerke geschwappt war. Dort erreichte er innerhalb kürzester Zeit Millionen Nutzer*innen, mobilisierte Tausende und zog Menschen an, die sonst vermutlich nie mit ihm in Berührung gekommen wären. Zwischen Juni und September 2020 interagierten jeweils mehr Social-Media-Nutzer*innen mit Seiten, auf denen unter anderem QAnon-Inhalte verbreitet wurden, als mit Seiten etablierter Medien wie denen des *Wall Street Journal* oder des britischen *Guardian*.[84]

Zurückführen lässt sich dies auch darauf, dass QAnon-Anhänger*innen enorm viele Daten generieren. Das liegt zum einen daran, dass die polarisierenden Inhalte heftige Interaktionen provozieren. Zum andern ist da die Aufforderung »Recherchiere selbst«, die schon erwähnte Ermunterung »Q«s, unentwegt nach Spuren zu suchen und die vermeintlichen Erkenntnisse mit der Community zu teilen. So entsteht unendlich viel Futter für Algorithmen, die stark nachgefragte Inhalte auch bisher nicht interessierten Personen nahelegen. Wahrscheinlich wurde das bei der Erschaffung des Kults schon mitbedacht. Sogar Googles Such-Algorithmus spielt eine Rolle: Prominente wie beispielsweise Lady Gaga erreichen hohe Klickzahlen, weil sich viele Menschen für sie interessieren. Wenn mit ihrer Prominenz QAnon-Inhalte verbunden werden – etwa durch eine irreführende Anspielung auf ein Album von Lady Gaga –, breitet sich der Mythos noch weiter aus.

Gemeldete strafbare Inhalte müssen in Deutschland seit Inkrafttreten des Netzwerkdurchsetzungsgesetzes (NetzDG) 2017 gelöscht werden. Doch problematische, aber legale Beiträge, zu denen oft auch Verschwörungsmythen zählen, fallen nicht darunter. Zwar sperrten Facebook und andere US-Tech-Konzerne auch von sich aus relativ früh Fake News zum Coronavirus, Konten und Gruppen indessen, die sich etwa auf QAnon bezogen, löschten sie in größerem Umfang erst 2020. Da hatten sich aber längst Profile von Privatpersonen etabliert, die bis heute unverblümt »Q«-Inhalte verbreiten.

Hinzu kommt, dass solche Inhalte inzwischen vor allem auf Telegram geteilt werden. Dieser Dienst ist zu einer der wichtigsten Verbreitungsplattformen geworden – auch weil der russische Betreiber lange nichts gegen Hetze und Extremismus unternommen hatte. Erst nach dem Sturm auf das Kapitol gab die Plattform an, verstärkt gegen Konten vorzugehen, über die Hochgefährliches verbreitet werde. Bis dahin war Telegram allerdings schon längst zum wichtigsten Forum für den Austausch von Verschwörungsmythen im Zusammenhang mit der Pandemie geworden.

BEWEGUNGEN

»Querdenken«

Laut Duden sind »Querdenker« Personen, die »eigenständig und originell« denken. Ihre Ideen und Ansichten würden »oft nicht verstanden oder akzeptiert«. Der Begriff kam in den neunziger Jahren auf, als das Links-Rechts-Schema für überholt gehalten wurde und es plötzlich als ein Wert an sich galt, diese Kategorien zu missachten. Zuweilen wurde bei den so Bezeichneten nicht einmal auf die Qualität ihrer Argumente geachtet, sondern nur darauf, dass sie sich den bisherigen Einordnungen entzogen. Manche nutzten den Begriff als Selbstbeschreibung, um besonders einfallsreich, kreativ und deshalb zwangsläufig unverstanden zu wirken. Diesen Nimbus beanspruchte im Frühjahr 2020 eine Gruppe von Menschen, die aus verschiedenen Gründen nicht mit den Corona-Schutzmaßnahmen einverstanden waren.

Kurz nachdem im März in einigen deutschen Städten kleine bis mittelgroße »Hygienedemos« von programmatisch kaum festgelegten und inhaltlich diffusen Gruppen stattgefunden hatten, gründete ein Stuttgarter IT-Unternehmer die Initiative »Querdenken«. Michael Ballweg schuf damit eine Marke, die innerhalb kürzester Zeit zum Label für fast die gesamten Proteste gegen die Krisenstrategie der Regierungen von Bund und Ländern wurde. Die prominenteste Vereinigung war die um Ballweg selbst und nannte sich nach der

Stuttgarter Telefonvorwahl »Querdenken 711«. Baden-Württemberg blieb zusammen mit Teilen Bayerns eine Hochburg der Bewegung.

In Stuttgart gingen die »Querdenker« im April 2020 das erste Mal auf die Straße. Mitten im Lockdown versammelten sich 50 Menschen auf dem Schlossplatz und forderten eine »sofortige Aufhebung der Einschränkungen der Grundrechte durch die Corona-Verordnung«. Die Initiative stehe, so ihr »Manifest«, für »Eigenverantwortung, Selbstbestimmung, Liebe, Freiheit, Frieden und Wahrheit«. Man sei eine überparteiliche, friedliche Bewegung, »in der Extremismus, Gewalt, Antisemitismus und menschenverachtendes Gedankengut« keinen Platz hätten.[85] Ballweg hatte noch wenige Wochen zuvor auf Twitter ein Video geteilt, worin ein Polizeibeamter vor großen Menschenansammlungen warnte: »Jede dieser Zusammenkünfte ist gefährlich für euch.« Hinzugefügt war der Hashtag #WirBleibenZuhause.[86] Das sah Ballweg nun anscheinend anders. Im Herbst des Jahres hielt er, der nach eigener Aussage früher »unpolitisch« gewesen sei, sich offenbar wegen seiner neuen Popularität für geeignet, Oberbürgermeister in Stuttgart zu werden. Bei der Wahl erhielt er 2,6 Prozent der Stimmen.[87]

Zuvor aber hatte er Zehntausende mobilisiert. »Querdenken« organisierte 2020 die größten Protestdemonstrationen während der Pandemie. Die wirkten auf den ersten Blick wie bunte Mischungen von Menschen aus verschiedensten Bereichen der Gesellschaft. Familien mit kleinen Kindern waren genauso zu sehen wie Mittfünfziger in gediegener Kleidung und junge Leute mit freiem Oberkörper und Blumen im Haar. Es gab ein paar Nackte. Oft herrschten Ausgelassenheit und wohl auch Begeisterung, in so großer Zahl Widerständigkeit zu bekunden, unter Inkaufnahme langer Anreisen und ungemütlicher Übernachtungen. Dass die Kundgebungen dem breiten Konsens der Gesellschaft entgegengesetzt waren, wird die Euphorie noch verstärkt haben. Zum Teil singend und tanzend inszenierten die Teilnehmer*innen gute Laune in einer Zeit, in der die meisten Menschen ernst und besorgt auf Kontaktvermeidung achteten und weitgehend zu Hause blieben. Zelebriert wurden Happenings einer Gegenkultur, in der Regelverstöße gemeinschaftsbildend wirkten. Die Maskenpflicht zu ignorieren und Mindestabstände zu missachten, die Anerkennung der Naturkatastrophe zu verweigern und eine lang gehegte Verachtung staatlicher Institutionen munter zu bekunden, wurde offenbar als Ausdruck eines individuellen und zugleich gemeinschaftsstiftenden Aufbegehrens empfunden. Je öfter die Demonstrationen wegen Verstößen gegen die Hygieneauflagen von der Polizei abgebrochen wurden, umso mehr verfestigte sich der Glaube, unterdrückt zu werden und Widerstand leisten zu müssen. Etwa dadurch, dass trotz polizeilicher Aufforderungen die Plätze weiter besetzt oder Sitzblockaden abgehalten wurden. Dass man Grundrechte verteidige, war der große Konsens der Demonstrierenden. Gefordert wurde Freiheit, gelebt aber wurden Rücksichtslosigkeit und die Verweigerung der Verantwortung gegenüber dem Gemeinwesen und den Mitmenschen. »Ein bisschen Sars muss sein«, sangen Protestierende, die ohne Masken durch einen Berliner Bio-Supermarkt streiften. Als hätte es ihnen Spaß gemacht, dass ihr Verhalten das Infektionsgeschehen anheizte.

Das war ganz offensichtlich auch der Fall: Einer Studie des Wirtschaftsforschungsinstituts ZEW Mannheim und der Humboldt-Universität zu Berlin zufolge trugen zwei »Querdenken«-Demonstrationen in Leipzig und Berlin erheblich zur Verbreitung des Virus bei. Mehr als zehntausend Infektionen sollen durch die Kundgebungen sowie die oft gemeinsamen Anreisen in Bussen ausgelöst worden sein.[88]

Geld

Großdemonstrationen sind teuer. Auf den Websites von Organisator*innen finden sich viele Zuwendungsgesuche. Bei »Querdenken 711« lautet der Text so: »Unterstütze uns finanziell mit einer Schenkung (max. 19 999 EUR in 10 Jahren). Du hilfst uns damit bei der Organisation der Demos und Finanzierung der Klagen.« Es handele sich, schreibt Ballweg, um »ein eigens eingerichtetes Konto auf meinen Namen für alle Aktivitäten zur Wiederherstellung unserer Grundrechte. Die Ausgaben des täglichen Lebens werden über mein Privatkonto abgewickelt«.[89] Man strebe »derzeit« (Stand Februar 2021) den Status der Gemeinnützigkeit an und könne bis zu dessen behördlicher Anerkennung keine Spendenquittungen ausstellen. Eine Stiftung sei im Aufbau.[90] Im Frühling des ersten Pandemiejahres soll Ballweg innerhalb weniger Tage mehr als 200 000 Euro eingesammelt haben.[91]

Ballweg ließ mehrere Internet-Domains registrieren und meldete 19 »Querdenken«-Ortsableger beim Patentamt als Marken an. Die regionalen Gruppen sollen dazu angehalten worden sein, beim Anbieten von bedruckten T-Shirts und anderen Werbematerialien mit einer bestimmten Merchandising-Firma zu kooperieren. Die schicke daraufhin den jeweiligen finanziellen Anteil nicht an die betreffende Ortsgruppe, sondern »nach Stuttgart«, sagte eine Frankfurter »Querdenkerin«.[92]

Auch andere Prominente innerhalb der Protestszene baten um Unterstützung. Ein Beispiel ist der Sinsheimer Arzt Bodo Schiffmann. Gegen ihn ermittelte die Staatsanwaltschaft wegen des Verdachts auf Ausstellung falscher Atteste zur Maskenbefreiung. Im Dezember 2020 sagte Schiffmann in einem Video: »Wer Maskenatteste gekriegt hat oder wem ich in dieser Zeit in irgendwelcher Form geholfen habe, der kann mir helfen.« Ausführlich berichtete er über rechtliche Auseinandersetzungen, in die er damals bezüglich seiner Approbation und Praxis sowie der Zusammenarbeit mit einer Klinik verwickelt war. »Natürlich«, fügte er hinzu, »ist das auf Dauer eine Sache, die ziemlich nervt«. Die »Schikanen« gingen täglich weiter. »Wer kann, wer die Möglichkeit hat, den bitte ich hier ganz offen um Unterstützung.« Schiffmann verwies dabei auf eine Kontonummer, die im Video eingeblendet war. Über ihr stand: »Wenn du mich gerne unterstützen möchtest, kannst du mir Geld schenken. Max. 19 999 Euro in 10 Jahren.« Er bat also nicht um Spenden, sondern um Schenkungen, die in der von ihm genannten Form steuerfrei sind.[93]

Staatliche Behörden interessieren sich beim Gesamtkomplex dieser Bewegung nicht nur für finanzielle Fragen, sondern auch für Überschneidungen mit rechtsextremen Gruppen. Im Dezember 2020 gab der baden-württembergische Innenminister Thomas Strobl (CDU) bekannt, dass der Landesverfassungsschutz Teile von »Querdenken 711« beobachte. Kurz danach kündigte Ballweg eine Art Winterpause an. Man wolle Kräfte für den Frühling sammeln. »Aus diesem Grund werde ich auf Weiteres keine Großdemonstrationen mehr anmelden«, sagte er in einem Video. Dies empfahl er auch anderen Ortsgruppen. Ende Januar erklärte Ballweg die Auszeit für beendet.

Kaum betroffen

Die »Querdenken«-Bewegung kann nur in einge-schränktem Maße als Organisation von Menschen gelten, die durch die Lockdown-Maßnahmen wirt-schaftlich oder persönlich geschädigt wurden. Bei Be-fragungen von Demonstrant*innen gab nur rund ein Drittel an, unter konkreten Auswirkungen individuell zu leiden. Auch andere Befunde sprechen dafür, dass im ersten Pandemiejahr die Forderung nach Lockerun-gen nur wenig mit persönlicher Betroffenheit zu tun hatte. Folgern lässt sich dies aus einer Befragung von deutschlandweit knapp 5000 Personen durch Claudia Diehl und Felix Wolter von der Universität Konstanz im Frühjahr 2020. Wer sich da für eine weitgehende Aufhebung der Beschränkungen aussprach, tat dies kaum einmal wegen persönlichen Leidensdrucks. »Die Analyse der Einflussfaktoren«, so heißt es in der Stu-die, »zeigt keinen Zusammenhang zwischen der For-derung nach Lockerungen und der wahrgenommenen Bedrohung der eigenen finanziellen, familiären und rechtlichen Situation.«[94] Dennoch beanspruchten ei-nige, repräsentativ für Geschädigte zu sein. Sie würden »stellvertretend für Betroffene« teilnehmen, sagten De-monstrierende, die von Wissenschaftler*innen befragt wurden.[95]

Zugleich aber gingen manche, die tatsächlich hart betroffen waren und sich kurzzeitig durchaus mit Wi-derstandsgedanken trugen, auf Distanz zu den »Quer-denkern«. Ein Beispiel ist der Rosenheimer Sportartikelhändler Udo Siebzehnrübl. Kurz nach Weihnachten 2020 entschloss er sich, seine Geschäfte ab dem 11. Januar trotz Lockdowns zu öffnen. »Es reicht einfach«, machte Siebzehnrübl damals seinem Ärger Luft. Er erhielt viel Zustimmung. Ganz schnell aber musste er feststellen, vereinnahmt zu werden.

Schon kurz nach Silvester kursierten im Netz Ankündigungen, dass Gewerbetreibende trotz Verbots und unabhängig vom dramatischen damaligen Infektionsgeschehen flächendeckend ihre Geschäfte an jenem 11. Januar öffnen wollten. Der Anschein einer Bewegung wurde auch dadurch erweckt, dass die Telegram-Gruppe »Wir machen auf – Kein Lockdown mehr« zwischenzeitlich mehr als 50 000 Neugierige zählte. In der Gruppe wurde suggeriert, dass viele Einzelhändler*innen, Frisör*innen und ähnliche Kleinunternehmer*innen aus lauter Verzweiflung über ihre miserable Lage die Vorschriften ignorieren wollten. Doch die angebliche Bewegung erwies sich rasch als Phantom: Hinter dem Aufruf steckte ein Krefelder Kosmetikstudio-Betreiber, der nach eigener Aussage ohne »jeglichen politischen Hintergrund« agierte. Tatsächlich aber hatte der Mann schon seit Längerem Falschmeldungen rund um die Pandemie verbreitet. Für knapp 50 Euro bot er eine »weltweit erste Anti-Corona-Creme« an. Auch war er schon als Redner bei den Krefelder »Querdenkern« aufgetreten. Als die vermeintliche Öffnungskampagne anlief, sagte er, er habe während der Pandemie alle Verordnungen umgesetzt und stehe nun am »Ende seiner Existenz«. Laut einer Wirtschaftsauskunftei jedoch befand sich der Mann schon vor Corona in finanziellen Schwierigkeiten.[96]

Unterstützt wurde »Wir machen auf« auch von Anwält*innen, die eindeutig den »Querdenkern« zuzurechnen sind. Etwa von dem Leipziger Juristen Ralf Ludwig, der Ende August 2020 mit einem Eilantrag dafür gesorgt hatte, dass das Verbot der Großdemonstration in Berlin gekippt wurde. Ludwig bekundete seine Solidarität mit der Aktion des Krefelders und gab an, interessierte Unternehmer*innen juristisch zu beraten. Von einem anderen prominenten »Querdenker«, dem in der Schweiz lebenden Samuel Eckert, wurde er gar interviewt.

Unbekümmert um den leicht erkennbaren Inszenierungscharakter der Kampagne befeuerte die AfD sie sofort: Oliver Kirchner, Fraktionschef im Landtag von Sachsen-Anhalt, behauptete, »tausende Gewerbe- und Gastrobetreiber, Einzelhändler, Friseure und Kosmetiker« wollten ihre Läden öffnen. Es brauche, so Kirchner, »vielleicht genau solch einen mutigen und entschlossenen Anstoß«.[97]

Siebzehnrübl aber nahm seine Ankündigung zurück. Er habe feststellen müssen, dass die rechte Szene seine Aktion für ihre Zwecke ausnutzen wolle, sagte er. Seine Ehefrau ergänzte, sie wollten keine »Sattelhalter für Corona-Leugner« sein. Am Ende beteiligten sich nur ganz wenige Geschäfte an der Aktion. Eine substanzielle Initiative steckte nicht dahinter. Auch der Krefelder öffnete am 11. Januar sein Kosmetikstudio nicht. Genauso floppten ähnliche Aktionen, die in den Folgemonaten angekündigt wurden.

Alternativmedizin im Widerstand

Wenn sich der »Querdenken«-Bewegung somit nur eine Minderheit aus existenzieller Betroffenheit im familiären oder finanziellen Sinne anschloss, fragt sich, was denn die Mehrheit antrieb. Dafür muss man sich etwas bewusst machen, was selbstverständlich ist, aber wohl gerade deshalb leicht übersehen wird. Covid-19 ist eine schwere Krankheit. Die Schutzmaßnahmen zielen auf ihre Eindämmung. Folglich kreisten die meisten Debatten im ersten Pandemiejahr um Gesundheitsfragen.

In politischer Hinsicht war dies für die Bürger*innen eine völlig neue Erfahrung. Zum ersten Mal seit vielen Jahrzehnten wurde die gesamte Gesellschaft, wurde der Alltag aller von Medizinischem und staatlicher Gesundheitspolitik bestimmt. Zur Herrschaft über fast den gesamten Diskurs stieg rasend schnell ein Thema auf, für das sich bis dahin nur Expert*innen und Berufstätige im medizinischen Sektor sowie gravierend Erkrankte, Pflegebedürftige und Menschen mit Behinderungen interessiert hatten oder interessieren mussten. Alle anderen waren davon weitgehend unberührt geblieben.

Aber dann kamen mit Corona urplötzlich die Themen Krankheit und Gesundheit an die Macht. Und zwar nach Maßgabe der Schulmedizin. Die Dominanz einer evidenzbasierten und den Naturwissenschaften verpflichteten ärztlichen Kunst halten die meisten für selbstverständlich. Sie können sich womöglich gar nichts anderes vorstellen. Deshalb wird es nur selten näher thematisiert. Das zu tun, ist aber wichtig.

Denn die Schulmedizin legt in Corona-Zeiten einen Auftritt hin, wie er kraftvoller kaum sein könnte. Sie ist es, woran die staatlichen Einschätzungen des Virus und seiner Ausbreitung orientiert sind. Jede Verordnung zu

Schutzmaßnahmen beruft sich auf Erkenntnisse und Empfehlungen der naturwissenschaftlich fundierten Medizin. Die wissenschaftliche Epidemiologie als evidenzbasierte Medizin für Großgruppen sowie die Umsetzung ihrer Diagnosen und Verhaltensempfehlungen durch staatliche Administrationen sind strukturell das absolute Gegenteil einer »sanften« Medizin, die auf möglichst viele individuelle Bedürfnisse einzugehen versucht. Wohl nichts im Gesundheitssystem kommt so »hart« daher wie der staatlich durchgesetzte Seuchenschutz. Seinen Vertreter*innen in den Verwaltungen ist zwar bewusst, dass Menschen unter einem Lockdown leiden. Dies soll mit Geld und vielen guten Worten abgefedert werden. Aber worauf es letztendlich ankommt, das sind die großen Statistiken, Infektionskurven, Auslastungszahlen der Intensivstationen und vor allem die hohe Zahl der Toten. Und wenn sich Menschen beschweren, dass die Maßnahmen für sie üble Folgen haben und es ihnen schlecht geht, dann sind sie mit einem Apparat konfrontiert, der ihnen bei allem Verständnis implizit signalisiert, was einst autoritäre Schulmediziner*innen alter Sorte sagten: Das muss jetzt sein, beißen Sie die Zähne zusammen. Seuchenschutz ist die kalte Seite der Medizin.

Daraus folgt: Wer der Schulmedizin gründlich misstraut und ihre Geltungsansprüche zurückweist, muss sich in der Pandemie in höchstem Maße provoziert fühlen. Es konnte daher gar nicht anders sein, als dass die Proteste gegen die Schutzmaßnahmen in besonderer Weise von Anhänger*innen der Alternativmedizin getragen wurden. Belegt wird dies etwa durch die schon erwähnte Untersuchung der Uni Basel: Von den dort im November 2020 befragten Menschen aus dem »Querdenker«-Milieu meinten 63 Prozent, »unsere natürlichen Selbstheilungskräfte« seien »stark genug, um das Virus zu bekämpfen«. Eine ähnlich große Mehrheit glaubte, »mehr spirituelles und ganzheitliches Denken würde der Gesellschaft guttun«. Ebenfalls 63 Prozent sprachen sich dafür aus, dass Alternativ- und Schulmedizin gleichgestellt werden sollten.

Aus der Tiefe der Siebziger

Warum aber demonstrierten jene Menschen gemeinsam mit Reichsbürgern und Neonazis? Dies fragt sich schon deshalb, weil die befragten »Querdenker« einige »klassische« Positionen von Rechtsradikalen mehrheitlich ablehnten. 57 Prozent stimmten nicht der Aussage zu, dass man sich »durch die vielen Muslime manchmal wie ein Fremder im eigenen Land« fühle. Und nur eine ganz kleine Minderheit von drei Prozent meinte, die Menschheitsverbrechen des Nationalsozialismus würden in der Geschichtsschreibung »weit übertrieben«.

Die Nähe zu Rechtsextremen ist aber auch deshalb erstaunlich, weil die Kritik an der Schulmedizin noch vor rund 40 Jahren im Wesentlichen eine Domäne der politischen Linken war. Vor allem in der Zeit der Alternativbewegung der siebziger und frühen achtziger Jahre verlangten viele nicht bloß, die damals tatsächlich großen Missstände im Gesundheitssystem abzustellen. Stattdessen wurde eine ganz andere Medizin gesucht. Die glaubte man in der sogenannten Naturheilkunde zu finden. »Im Sektor der ganzheitlichen Alternativmedizin lassen sich viele Berührungspunkte zum linksalternativen Milieu ausmachen«, schreibt Sven Reichardt in einer umfangreichen Darstellung jener Bewegung.[98]

Am Vorabend der großen Leipziger Kundgebung im November 2020 schritt bei einer kleinen Vorab-Demo eine ältere Frau aus Konstanz, sie nannte sich Cornelia, über das Pflaster der Innenstadt und malte mit ihren Armen Kreise in die Luft. »Das sind heilende Figuren«, sagte sie einem Reporter. Sie habe »das Gefühl, dass hier starke Emotionen sind«, und versuche das »ein bisschen zu heilen, zu harmonisieren«.[99] Diese Frau hatte die Alternativbewegung wohl noch miterlebt. Auf den Demonstrationen jedoch sah man auch 20- bis 40-Jährige, die gemeinsam zu Gitarren- oder Rasselklängen leicht esoterisch wirkende Tanz- oder Meditationsbewegungen vollführten.

Damit wurden Ausdrucksformen gepflegt, die in der Alternativbewegung entwickelt worden waren und seither von verschiedenen jüngeren Gruppen übernommen wurden. Im Kern geht es darin um das subjektive Empfinden einer Harmonie zwischen Körper und Geist, um »Techniken des ichbezogenen Bewusstseins«, wie Reichardt schreibt. Das individuelle Erspüren des eigenen Körpers und bei Krankheit die persönlichen Erfahrungen wurden damals als sehr wichtig und mindestens so relevant wie die Ergebnisse großer Forschungsstudien eingeschätzt. Wie »ich« mich mit etwas fühle, was »meine« Geschichte besagt, hatte weithin eine größere Überzeugungskraft als das, was ein als viel zu »verkopft« und machtbestimmt eingeschätztes Medizinsystem behauptete. Diese Kultur der Ich-Zentrierung bei gleichzeitigem Misstrauen gegenüber der naturwissenschaftlich fundierten Medizin wurde nach dem Ende der Alternativbewegung unabhängig von politisch »linken« Festlegungen weitergeführt und prägt heute die Denkweisen auch vieler Homöopath*innen und Impfgegner*innen. In deren Kreisen herrsche »eine vornehmlich egoistische und anekdotische Betrachtung« der Medizin vor, stellt Christian Lübbers fest.[100] Lübbers ist Hals-Nasen-Ohren-Arzt im oberbayerischen Weilheim. Er kennt die Szene sehr gut, weil er seit Jahren in der Öffentlichkeit Heilsversprechen der Homöopathie kritisiert und sich für die evidenzbasierte Medizin einsetzt. »Erzählt werden immerzu Geschichten«, berichtet Lübbers von seinen Erfahrungen mit jenem Milieu, »wo irgendwann mal irgendein Globuli irgendjemandem geholfen habe. Eine fehlgedeutete oder zufällige Korrelation wird dann als Beweis für eine angebliche Wirksamkeit angesehen, während die einhellige Position der Wissenschaft zur Placebo-Wirkung von homöopathischen Mitteln abgetan wird.« Dieses Muster werde analog auf Impfungen angewandt: Jede mutmaßlich empfundene Nebenwirkung aus früheren Zeiten spreche grundsätzlich gegen das Impfen, während dessen Nutzen für die Gesamtbevölkerung als nicht bewiesen hingestellt werde.

Geschichten werden in der alternativmedizinischen Szene auch in Zusammenhang mit Corona erzählt. Schon wenige Wochen nach Ausbruch der Pandemie kursierten Erzählungen über angeblich mit Homöopathie geheilte Covid-19-Erkrankte.[101] Eine Heilpraktikerin warb mit dem »Schauen auf eine Scheibe mit Kreisen«, welches die »Virusinformation aus den Zellen« lösche. Eine bekannte Homöopathie-Ärztin empfahl öffentlich die Einnahme von wöchentlich drei Zuckerkügelchen zur Corona-Prophylaxe. Selbst das »tägliche Trinken von einem Glas Wasser, in das drei Tropfen eines Grapefruit-Kern-Extraktes gegeben« werde, sollte eine Corona-Infektion verhindern. Es gab einen homöopathischen »Coronavirus-Kongress« mit Namen »United to Heal« – vereint zur Heilung.

Heilpraktikerin ist die schon erwähnte Tamara K. Seit Jahrzehnten, so erzählte sie der *Welt*-Reporterin Tina Kaiser, habe sie schon zu alternativer Medizin und Schamanen recherchiert – aber auch zu Freimaurern, den Illuminaten und satanistischen Pädophilen-Netzwerken.[102] An Tamara K. lässt sich erkennen, welche Übergänge es zwischen Alternativmedizin, Esoterik, Verschwörungsglauben und offener Ablehnung des demokratischen Rechtsstaats geben kann. Immer wieder geht es darum, geheimes Wissen zu erkennen, über das andere nicht verfügen. Sie habe, sagte Tamara K., schon in den neunziger Jahren gespürt, dass »etwas nicht stimmt« und es böse Mächte gebe. Eigentlich sei sie »seit 25 Jahren im Widerstand«. Es hat etwas Ideologisches, zu behaupten, man wisse es schon sehr lange.

2018 schloss sie sich den Berliner Gelbwesten an, einer in Deutschland weitgehend gescheiterten Kopie der französischen Protestbewegung, deren Aktionismus in jenem Jahr für einige Wochen das halbe Nachbarland lahmlegte. Während die Gelbwesten in Frankreich politisch schwer zu verorten waren, versuchten Rechtsradikale in Deutschland relativ schnell, die Bewegung zu unterwandern. Tamara K. begründete ihr Engagement dort damit, dass sie für eine »gerechtere Gesellschaft und ein bedingungsloses Grundeinkommen« habe kämpfen wollen, wofür sie bis heute stehe. Die Gelbwesten hätten sie aber auch davon überzeugt, dass Deutschland kein souveräner Staat sei. Am Vorabend ihres Aufrufs an der Reichstagstreppe sagte sie vor der russischen Botschaft in Berlin, »dass wir morgen vereint dafür sorgen werden, dass diese BRD-Fake-Regierung abgewickelt wird«.[103] Der nordrhein-westfälische Verfassungsschutz hat sie als Reichsbürgerin im Visier. Über die Gelbwesten lernte sie außerdem QAnon kennen. Diese Verschwörungsideologie habe sie angesprochen, weil sie Kinder liebe. Sie will schon Kinder aus einem unterirdischen Verlies befreit haben. Nachfragen dazu beantwortete sie nicht. Das sei zu gefährlich.

Unter dem Schlagwort »Kinderschutz«, den Rechtsradikale übrigens schon seit Jahrzehnten in verschiedenen Zusammenhängen propagieren, entwickelte sich während der Pandemie eine spezielle Erzählung: Ämter würden Kinder bei Corona-Verdacht von ihren Familien trennen. Die AfD in Mecklenburg-Vorpommern streute diese Mutmaßungen und behauptete, die dortige Landesregierung verfolge schon konkrete Pläne für eine »Entnahme von Kindern aus ihren Familien«. Der Landtagsabgeordnete Ralph Weber sagte dazu: »Kinder den Eltern wegzunehmen und gegebenenfalls gegen den Willen der betroffenen Eltern und Geschwister zu isolieren, sind Willkürmaßnahmen, die allenfalls in Diktaturen erwogen werden.« In verschwörungsideologischen Zirkeln wurden die Mutmaßungen dann so ausgebaut, dass die Kinder nach ihrer »Entnahme« finsteren Machenschaften ausgesetzt würden.[104]

Schadstoffe

Zurück zu Tamara K.: Ihre erste Demo sei wohl eine gegen Atomkraft gewesen, erzählte sie *Compact*.[105] Auch dabei lässt sich ein Bezug zu Traditionen der Alternativbewegung herstellen. Nichts einte diese und die aus ihr später hervorgehenden politischen Strömungen so sehr wie die Angst vor Radioaktivität. Diese sowie diverse

Schadstoffe im Wasser, in der Luft und in der Nahrung wurden damals akribisch gesucht, meist gefunden. Der Gift-Verdacht war konstitutiv für das politische und individuelle Bewusstsein. Hierbei darf mit Blick auf die siebziger und frühen achtziger Jahre nicht vergessen werden, dass die meisten westdeutschen Alternativbewegten, die Babyboomer, in den größten Medikamenten-Skandal der Nachkriegszeit hineingeboren worden waren: Contergan. Die Opfer gehören zur Trägergeneration jener Bewegung. Angesichts dessen war es damals kein großer Schritt zu dem Gedanken, dass Schadstoffe und Gifte auch in Medikamenten und sogar Impfstoffen vorhanden sein könnten – und man sich folglich von ihnen fernhalten sollte.

Aber viele Elemente dieses Weltbilds gehören mittlerweile längst nicht mehr zu einer geschlossenen linksalternativen Überzeugung. Große Teile der Esoterik und der Alternativmedizin haben sich verselbstständigt. Dies könnte ein Grund sein, weshalb Tamara K., die während der Alternativbewegung ein Kleinkind war, mit Versatzstücken der damaligen Überzeugungen ganz andere Wege eingeschlagen hat.

Vor allem in der Einschätzung der Medizin hat sich seit den Siebzigern viel verändert. Das betrifft schon die individuelle Erfahrungsebene: Aus robusten 20-Jährigen, die Infekte damals locker überstanden und ihre rasche Gesundung dann auf Kräuterpräparate zurückführten, sind 60-Jährige geworden. Ein großer Teil dieser linksalternativ sozialisierten und jetzt in die Jahre gekommenen Menschen hatte mittlerweile am eigenen Leibe sowie bei den Kindern vielerlei Gelegenheit, die Leistungsfähigkeit der evidenzbasierten Medizin zu erleben und entsprechend anzuerkennen. Somit lockerten sich die Bindungen an die Alternativmedizin in einem erheblichen Teil ihrer früheren linken Anhängerschaft. Gleichzeitig wurde dem schulmedizinischen System seit den siebziger Jahren durch zahlreiche Reformen ein Teil seiner Abschreckungswirkung genommen. Der gesamte psychologische Bereich und damit die Aufmerksamkeit für das individuelle Befinden der Betroffenen wurden erheblich gestärkt. Rechte und Wahlmöglichkeiten der Patient*innen wurden ausgeweitet, invasive Therapien auf vielen Feldern zurückgedrängt. Das etablierte Medizinsystem, das heute generell »sanfter« wirkt als damals, bietet viel weniger Angriffsflächen für politisch links motivierte Kritik.

Die Folgen dieses Wandels lassen sich an den Grünen erkennen. Sie gingen im November 2020 bei ihrem Bundesparteitag auf Distanz zur Alternativmedizin. Beschlossen wurde, dass von den gesetzlichen Krankenkassen Leistungen übernommen werden müssen, »die medizinisch sinnvoll und gerechtfertigt sind und deren Wirksamkeit wissenschaftlich erwiesen« ist. Leistungen, für die das nicht gilt – so lässt sich schließen –, müssen nicht übernommen werden. Auch wenn dabei die Homöopathie nicht erwähnt wurde, gab es wohl niemanden, der oder die nicht an sie dachte und den im Vorfeld heftig debattierten Beschluss nicht als tendenzielles Abrücken der Grünen von solchen Verfahren interpretierte.

So bekam die treue Anhängerschaft der Alternativmedizin zu spüren, dass im linken Spektrum die Solidarität mit ihr stark erodiert. Offenbar wächst bei den Grünen die Bereitschaft, die im Zusammenhang mit dem Klimaschutz entwickelte Anerkennung naturwissenschaftlicher Erkenntnisse auf andere Bereiche auszudehnen. Ähnlich ist es bei Corona.

Würden die Grünen die Gesundheitspolitik immer noch nach Maßgabe der subjektivistischen Betroffenheit und des Misstrauens gegenüber dem medizinischen System beurteilen, dann könnten sie die Schutzmaßnahmen nicht so mittragen, wie sie es bei aller Kritik an Details und an den Defiziten bei der parlamentarischen Kontrolle getan haben. Sie haben sich von der Alternativmedizin recht weit entfernt.

Rechte Bündnisangebote

Das dürfte einer der Gründe sein, warum viele besonders vehemente Verfechter*innen einer subjektivistischen Medizin, einer anekdotischen Wissenschaftskritik und eines körperbezogenen Wunderglaubens so wenige Probleme damit haben, sich in ein ganz anderes politisches Spektrum zu begeben und neben Rechtsextremen zu demonstrieren. Denn in der früheren politischen Heimat jener Positionen verlieren diese an Rückhalt.

Dass es da tatsächlich eine Verschiebung innerhalb des politischen Spektrums gibt, belegt abermals die Baseler Studie. Die Teilnahme an deren Befragungen war natürlich freiwillig. Deswegen ist davon auszugehen, dass nur wenige »harte« Rechtsextreme erreicht wurden, sondern vor allem jene, die aus eher esoterischen oder alternativmedizinischen Motiven zu »Querdenken« gestoßen waren. Bei ihnen, so heißt es in der Untersuchung, handele es sich um eine Bewegung, »die eher von links kommt, aber stärker nach rechts geht«. 2017, bei der letzten Bundestagswahl vor Corona, hatten 23 Prozent die Grünen und 18 Prozent die Linke gewählt, nur 15 Prozent die AfD. Aber zum Zeitpunkt der Befragung wollten dann 27 Prozent der AfD ihre Stimme geben.

Auch die schon vom Arzt Christian Lübbers bemerkte Neigung zum Subjektivismus beobachtete das Baseler Team dort: 41 Prozent bekannten, sie vertrauten ihren »Gefühlen und Intuitionen mehr als sogenannten Experten«. Zu den Resümees der Studie gehört: »Das institutionell Etablierte scheint unter einem ständigen Generalverdacht der Parteilichkeit, der Einseitigkeit oder sogar der Unterwanderung zu stehen.«

Mit so einer grundlegenden Skepsis, verbunden mit subversiven Einstellungen, lässt sich heutzutage bei Rechten sehr gut landen. Denn die kommen in vielen Debatten – außer den migrationspolitischen – mittlerweile nicht mit Forderungen nach staatlichem Zwang daher. Vielmehr propagieren sie ein pseudo-anarchisches, aggressiv-aufmüpfiges Rebellieren. Gegen die angebliche »Merkel-Diktatur«. Gegen politische Mehrheitsentscheidungen der angeblich dem Volk entrückten »Altparteien«, des »Establishments«. Solches Rebellieren kann auch jene anlocken, die sich gesundheitspolitisch unterdrückt fühlen.

Hinzukommen politische Verschiebungen beim Bewirtschaften jener Ängste, die sich an Technologien entzünden. Früher hatten Grüne und Linke faktisch ein Monopol darauf, vor angeblichen oder tatsächlichen Bedrohungen durch großtechnische Anlagen zu warnen. Man denke an Atomkraftwerke oder Chemiefabriken. Mittlerweile aber gibt es Formen der Großtechnik, die links der Mitte auf Wohlwollen stoßen. Vor allem Windkraftanlagen.

Manche behaupten, die seien gefährlich, und warnen vor Infraschall bei Windrädern. Was davon berechtigt ist, was nicht, mag dahingestellt bleiben. Klar aber ist, dass solche Warnungen hochattraktiv sind für diejenigen, die angeblich natürliche Lebensweisen gegen eine technische Zivilisation verteidigen wollen. Im größeren Teil des linken Spektrums können sie damit nicht landen, zumindest wenn es um die Großtechnik der Energiewende geht. Umso offener ist die politische Rechte, insbesondere die AfD, von der diese kategorisch abgelehnt wird. Namentlich Karsten Hilse, der umweltpolitische Sprecher der AfD-Bundestagsfraktion, wendet sich dagegen. Seiner Meinung nach ist »Infraschall der neue tückische Krankheitsbringer der Energiewende«, wie er im September 2020 erklärte.[106] Das ist eine Einladung an jene, die sich wie zahlreiche Anhänger*innen der Alternativmedizin als gesundheitliche Opfer der technischen Zivilisation und der sie unterstützenden Politik fühlen.

Verdächtigungen

Für deren Denken öffnete sich die AfD schon vor Corona auch bei Impfungen. Zwar bestritt die Bundestagsfraktion während der Debatten über Masern-Impfungen im Jahr 2019 nicht, dass diese sinnvoll sind. Aber die Mehrheit der AfD-Abgeordneten stimmte gegen die gesetzliche Pflicht zu dieser Impfung in Kitas, Schulen, Flüchtlingsunterkünften und für Mitarbeiter*innen im Gesundheitswesen. Schon im April 2019 erklärte in Baden-Württemberg Christina Baum, eine Impfpflicht in bestimmten Bereichen führe »zu einer Bevormundung der Eltern durch den Staat und dadurch zu einer maßgeblichen Einschränkung des Selbstbestimmungsrechts des Individuums«.[107]

Es wäre aber falsch zu behaupten, die AfD würde sich in ihrer bundesweiten Mehrheit mit alternativmedizinischen Lehren oder Verfahren identifizieren. Sie ist keine Globuli-Partei. Was sie stattdessen jener Strömung anzubieten hat, ist zunächst wie bei Baum der Protest gegen angebliche staatliche Zwänge.

Weiterhin nehmen AfD-Politiker*innen Mutmaßungen auf, eine finanzstarke Lobby wolle jede Gegenposition zur etablierten Medizin unterdrücken. Angespielt wurde darauf etwa vom bayerischen Landtagsabgeordneten Andreas Winhart im September 2019. Da ging es im Landtag um einen Antrag der dortigen FDP-Fraktion, die Homöopathie aus dem Leistungskatalog der gesetzlichen Krankenversicherung zu streichen. Hierüber sagte Winhart im Plenum: »Ich weiß nicht, ob irgendein Pharma-Lobbyist Ihnen diesen FDP-Antrag geschrieben hat, aber ich weiß, dass wir von der AfD die Beschneidung der Freiheit von Menschen nicht mittragen«.[108] Signalisiert wurde damit Homöopathie-Anhänger*innen, dass die AfD einen Verdacht auf lobbyistische Ausgrenzung der Alternativmedizin jedenfalls nicht ausschließt. Zurückdrängen will die Partei jene Heilkunde schon gar nicht: Die Bundestagsfraktion stellte im November 2020 einen Antrag mit dem Titel »Heilpraktiker – Berufsbild schützen und weiterentwickeln«.

Zudem finden sich in der AfD starke Entsprechungen zu jenem gesundheitspolitischen Generalverdacht, der für viele »Querdenker« charakteristisch ist. Zu erkennen ist das etwa bei Karsten Hilse und dem Infraschall. Hilse behauptete, der sei ein »Krankheitsbringer«, und konzentrierte sich dann darauf, den anderen Parteien Vorwürfe zu machen. Weil die einen AfD-Antrag abgelehnt hatten, eine Belastung durch Windräder messen zu lassen, klagte Hilse: »Die Opfer des Infraschalls sind den Altparteien egal.« So erweckte er den Eindruck, der Verdacht auf Gefährdungen würde unterdrückt. Was den Verdacht natürlich als umso dringender erscheinen lässt.

Besonders vehement pflegte der bayerische AfD-Landtagsabgeordnete Ralf Stadler im Dezember 2020 seine Aversion gegenüber Corona-Impfstoffen. Er sagte im Landtag, eine Notzulassung solcher Vakzine mache aus »gutgläubigen Impfwilligen schnell Versuchskaninchen« in einem »der riskantesten medizinischen Experimente«. Das »Leid durch mögliche Impfschäden« werde »sich erst später zeigen«. Als ein Beispiel für »unausgereifte Medikamente« nannte Stadler Contergan.[109]

Ganz ähnlich kurz darauf der Bundestagsabgeordnete Steffen Kotré in der Plenardebatte über die Nationale Impfstrategie bei Covid-19. Die zu der Zeit vorhandenen Impfstoffe unterzog Kotré einer geradezu steinzeitlichen Gentechnik-Verdächtigung: »Dieses Verfahren ist eben auch ein Verfahren, was in die Gene eingreift. Wir haben es also eher mit einem Experiment zu tun denn mit einer Impfung.« Nachdem er solcherart Ängste geschürt hatte, inszenierte sich Kotré umgehend als Anwalt der Verängstigten: »Den Menschen da draußen müssen Sie mal erklären, warum ihre Angst unbegründet ist.« Sofort im Anschluss führte er mustergültig vor, wie man wissenschaftsfeindlich die Beweislast umkehrt. Statt dass er als Bundestagsredner sich über gentechnische Zusammenhänge bei den Impfstoffen kundig gemacht hätte, inszenierte er sich als ein so besorgter wie kritischer Fragesteller, der von den anderen die Aufklärungsanstrengungen verlangt: »Bitte überzeugen Sie mich vom Gegenteil«, sagte Kotré und ließ den Blick über die Regierungsbank und die anderen Fraktionen schweifen.[110]

Diese Verdachtsrhetorik zieht sich wie ein roter Faden durch die Äußerungen der AfD in der Pandemie. Sei es bei Impffolgen, sei es bei der angeblichen Schädlichkeit von FFP-2-Masken, sei es bei der Frage, ob Menschen tatsächlich *an* oder nur *mit* Covid-19 starben – immer wieder stellen Politiker*innen der Partei ohne hinreichende Anhaltspunkte Vermutungen auf, die für Ängste sorgen konnten. Ängste, die bei manchen wohl auch dann noch bestehen blieben, als die Vermutungen durch wissenschaftliche Untersuchungen widerlegt wurden.

Statt sich also inhaltlich mit der Alternativmedizin zu identifizieren, wie es viele Linke in den siebziger Jahren noch getan hatten, docken AfD-Politiker*innen nur an einzelne Muster an, die sich bei Gegner*innen der Schulmedizin finden: Einspruch gegen angeblichen Zwang, Lobbyismus-Vermutung, Rhetorik des Verdachts. Dies ermöglicht die Bildung von »Misstrauensgemeinschaften«. Auf diesen Begriff verständigten sich im Herbst 2020 Sven Reichardt und Claudia Diehl bei einer Podiumsdiskussion über die »Querdenker«.[111] Die einigende Klammer zwischen den verschiedenen Gruppen sei ein tiefes Misstrauen gegenüber »der Politik und auch den Medien«, wie Reichardt sagte. In diesen Gemeinschaften ist die Mittelschicht bemerkenswert stark vertreten. Jedenfalls im deutschen Südwesten lag bei den Demonstrierenden der Anteil von akademisch Gebildeten mit höherem Einkommen über dem gesellschaftlichen Durchschnitt. Ungefähr die Hälfte waren Frauen. Sie hatten hier somit einen deutlich höheren Anteil als beispielsweise bei den Demos von Pegida. Selbstständige waren sogar überrepräsentiert.

Dies gehört zu den bestürzenden Erfahrungen der Pandemie: Teile des Bürgertums haben sich als offen für Verschwörungsmythen erwiesen und von etablierten Institutionen so sehr abgewandt, dass sie bereit waren, neben Rechtsextremen auf die Straße zu gehen.

Zwergenwiese

Neben den ursprünglich von links gekommenen Spielarten der Alternativmedizin gibt es in ihr aber noch einen stramm konservativen Strang. Auch der machte sich in der Pandemie bemerkbar. In diesem Kontext trat etwa Joseph Wilhelm in Erscheinung, der Gründer und Geschäftsführer der Naturkost-Marke Rapunzel, zu der auch das Ökoaufstrich-Label Zwergenwiese gehört. Im Frühjahr 2020 behauptete Wilhelm, dass sich mit »geschürter Todesangst hervorragend Geschäfte machen« ließen.[112] Im naturkundlichen Teil seiner Ausführungen meinte er, Viren würden einen »Beitrag zur Weiterentwicklung« des irdischen Lebens »und der menschlichen Anatomie und Psyche« leisten. Und weil das Sterben ja unvermeidlich ist, fand Wilhelm es mit Blick auf die Schutzmaßnahmen seltsam, »dass wir den Tod, dem wir aus welchen Gründen auch immer irgendwann erliegen werden, mit allen Mitteln zu verhindern suchen«. Das entspricht zunächst dem üblichen »Natur«-Spiritualismus.

Hinzu aber kommen bei Wilhelm rechtskonservative Ideen des »Lebensschutzes«. In befremdlicher Gleichsetzung von Schwangerschaftsabbrüchen und Todesfällen nach Corona-Infektionen schrieb er: »Dass wir vor allem in ›modernen‹ Gesellschaften mit rund 12 Millionen offizieller Abtreibungen Leben verhindern, wird gleichzeitig als Errungenschaft dargestellt. Was macht den Unterschied zwischen Leben, das sich verabschieden will, und Leben, das kommen will?« Das wirkt, als sei Wilhelm der Gesundheitsschutz bei Corona so lange nicht wichtig, wie noch Schwangerschaften abgebrochen werden.

Wie sehr unter Lebensschützer*innen des stramm konservativen Milieus die Notwendigkeit von Schutzmaßnahmen angezweifelt und damit der Schutz des Lebens konterkariert wird, hat die Publizistin Liane Bednarz beschrieben.[113] Im Blick hatte sie dabei vor allem evangelikale Gruppen, die als Minderheit in der evangelischen Kirche schon seit langer Zeit mindestens wissenschaftskritisch auftreten und sich in vielen Bereichen gegen liberale Gesellschaftsmodelle wenden. In diesen Kreisen, die ihre traditionellen Hochburgen vor allem in Baden-Württemberg und Sachsen haben, wird mit ähnlicher Vehemenz wie bei »Querdenken« gegen die Schutzmaßnahmen polemisiert.[114]

Zu erkennen war der Einfluss konservativer Alternativmedizin auch während der Organspende-Debatte 2019, als Minister Jens Spahn die Widerspruchslösung einführen wollte (und damit scheiterte). Da stimmten viele in der AfD mit Furor Polemiken an, bei denen sich der »Lebensschutz« auf eigenartige Weise verselbständigte. Im Vordergrund stand nicht, dass Organspenden Leben retten, sondern dass die Spender*innen der Organe zugunsten materieller Interessen ausgeweidet würden. Sie würden »zu einem menschlichen Ersatzteillager«, meinte Christina Baum[115], und »als Frischfleisch« betrachtet, wie ihr Fraktionskollege Emil Sänze behauptete.[116] Vom gesundheitspolitischen Landesfachausschuss der schleswig-holsteinischen AfD hieß es: »Es liegt im Interesse der umsatzstarken Transplantationsmedizin, dass möglichst viele Organe für eine Transplantation zur Verfügung stehen.«[117]

In dieses Horn blies auch die rechte Publizistin Birgit Kelle. Sie breitete im Mai 2019 in einem *Welt*-Gastbeitrag aus, was sie über Sterbehilfe und Organspenden dachte, bezeichnete Transplantationen als »ziemlich gutes Geschäft« und die Organentnahme als »Tod bei lebendigem Leibe«.[118] Es hat also Tradition bei Rechten, ideologisch unerwünschte medizinische Verfahren ungeachtet ihrer lebensrettenden Wirkungen durch Verdächtigungen zu diskreditieren, dass es dabei doch nur ums Geld ginge.

Ein letztes Beispiel dafür, dass es im rechten Spektrum unabhängig vom handelsüblichen Extremismus schon vor Corona abseitige Medizin- und Therapieverständnisse gab, sind die sogenannten Konversionstherapien, mit denen Homosexuelle zu einem heterosexuellen Leben oder zur Enthaltsamkeit gebracht werden sollen. Als der Bundestag im Mai 2020 ein gesetzliches Verbot solcher »Therapien« beschloss, enthielt sich die AfD-Fraktion, hatte aber zuvor zu erkennen gegeben, dass sie solche Verfahren ablehne. Jedoch: Als im Familienausschuss des Bundestags im Dezember 2019 eine Anhörung zu einer Grünen-Forderung nach einem Aktionsplan für sexuelle und geschlechtliche Vielfalt stattfand, lud die Fraktion als Sachverständigen Christian Spaemann ein.[119] Dieser österreichische Facharzt für Psychiatrie und Psychotherapie wurde 2008 auf der rechtskatholischen Website *kath.net* in einem Interview so wiedergegeben: »Die Möglichkeit der dauerhaften Veränderung der sexuellen Orientierung ist inzwischen wissenschaftlich mehrfach belegt worden.« Er selber habe »Menschen kennengelernt, die homosexuell waren und inzwischen glückliche Familienväter geworden sind«. Therapien könnten zu einer »Abnahme homosexueller Impulse« und zu einer »Freisetzung des heterosexuellen Potenzials« führen.[120] Im Familienausschuss sagte Spaemann über den Aktionsplan zur sexuellen Vielfalt: Es habe etwas »Umerzieherisches«, wenn ideologische Strukturen aufgebaut würden, bei denen es darum gehe, »den heterosexuellen Mainstream zu kippen«.

Dies entsprach dem AfD-Programm zur Bundestagswahl 2017.[121] Darin stellte sich die Partei »allen Versuchen klar entgegen, durch staatlich geförderte Umerziehungsprogramme in Kindergärten und Schulen das bewährte, traditionelle Familienbild zu beseitigen«. Darüber hinaus maßte sich die Partei an zu entscheiden, was Wissenschaft und Forschung ist und was nicht: »Die ›Gender-Forschung‹ ist keine seriöse Wissenschaft«, heißt es dort, »sondern folgt der ideologischen Vorgabe, dass das natürliche Geschlecht (Sex) und das soziale Geschlecht (Gender) voneinander völlig unabhängig seien.« Ziel sei »letztlich die Abschaffung der natürlichen Geschlechterpolarität«. Daher dürften »Bund und Länder keine Mittel für die ›Gender-Forschung‹ mehr bereitstellen und keine ›Gender-Professuren‹ mehr besetzen«.

Mit Blick hierauf hat Liane Bednarz in ihrem Buch »Angstprediger« über rechte Christen beschrieben, wie sehr es sich schon lange vor Corona als rechtes Propagandainstrument verfestigt hat, ganzen Forschungsrichtungen ohne Berücksichtigung innerakademischer Debatten pauschal die Wissenschaftlichkeit abzusprechen. Diese Haltung gegenüber der Wissenschaft ließ sich dann während der Pandemie auch für die Ablehnung der Schutzmaßnahmen nutzen.

Dass in der Verteufelung der Gender-Studies auch ein Verschwörungsmythos steckt, wird in der Autoritarismus-Studie thematisiert: »Mit der Formel: ›Gender Studies = Gender Mainstreamin = Feminismus = Staatsräson‹ wird Gender-Mainstreaming zur Projektionsfläche verschwörungstheoretischer Annahmen einer ›Machtübernahme der Frauen‹ im Sinne eines Ressentiments.«[122]

Familienlandsitze

In der Alternativmedizin gibt es aber auch eine Tradition rechtsradikaler Denkformen. Viele Adepten von Rudolf Steiner (1861–1925), dem Begründer der Anthroposophie, lehnten die Weimarer Republik ab, den Pluralismus und die liberale Demokratie. Davon zu unterscheiden sind Spielarten rechtsextremen Denkens, die auf dem Therapie-Sektor während des Psychobooms in den siebziger Jahren entstanden. Als damals die angeblichen Verengungen des westlich-zivilisatorischen Bewusstseins durchbrochen werden sollten, sprossen in so mancher Sekte Antiamerikanismus und Antisemitismus.

In einigen Neonazi-Kreisen wiederum werden seit Jahrzehnten eine »Neue Germanische Medizin«[123] und »Germanische Heilkunde« propagiert. Ausgedacht hat sie sich der deutsche Arzt und antisemitische Verschwörungsideologe Ryke Geerd Hamer (1935–2017), der 1986 seine deutsche Approbation verlor und mehrfach wegen Betrugs und illegalen Praktizierens inhaftiert wurde. Seine Ideen werden heute unter anderem von dem Österreicher Helmut Pilhar verkündet und laufen darauf hinaus, dass Krankheit in Wahrheit ein biologisches Sonderprogramm des Körpers zur Überwindung sogenannter »Konfliktschockerlebnisse« sei. Pilhar bestreitet die Existenz des Coronavirus. »Mit der

Virenhypothese kann die Schulmedizin bei Covid gar nichts erklären, nicht einmal ansatzweise! Es fehlt (sic!) das Virus und der Nachweis, dass das Virus irgendwas auslösen kann!«, schreibt Pilhar auf seiner Website.[124] Was in Wahrheit krank mache, meint er, sei der Konfliktschock. »Das, was wir seit hunderten Jahren unter diesem Deep State erdulden mussten, das macht krank! Die Isolation macht krank! Die Angst macht krank! Die Existenzsorgen machen krank! Die behördliche Willkür macht krank! Die Zerstörung der Familie macht krank! Gender macht krank! Terror macht krank!«

Auch in Reichsbürger-Kreisen gibt es eine sehr spezielle Sicht auf Gesundheitsthemen. Tobias Ginsburg hat 2018 in »Die Reise ins Reich« eine von diesen besuchte Verkaufsveranstaltung in einem baden-württembergischen Hinterzimmer beschrieben.[125] Erstehen, so Ginsburg, konnte man dort »eine Apparatur irgendwo zwischen Fernbedienung, Vibrator und Folterwerkzeug«. Es gehe um »Energiemedizin aus der russischen Weltraumforschung«.

Eine öko-esoterische Variante rechter Alternativmedizin findet sich in der Anastasia-Bewegung. Sie breitet sich seit einigen Jahren in einzelnen Gegenden Ostdeutschlands aus, indem Landkommunen, »Familienlandsitze«, gegründet werden. Die Bewegung leitet sich her aus Romanen des russischen Autors Wladimir Megre (geboren 1950), in dessen Fiktionen sich die Verachtung der westlichen Zivilisation und Demokratie mit antisemitischen Denkfiguren verbindet. Hinzu kommt »ein kitschig-romantisiertes Naturbild«, schreibt Silvio Duwe.[126] Zu den von Megres Kunstfigur Anastasia verkündeten Lehren gehört demnach, dass eine naturverbundene Gemeinschaft ohne ärztliche Hilfe auskomme, wenn nur die angeblichen Kräfte der

Seele zur Geltung kämen. Solche Formen einer genuin rechten Alternativmedizin ermöglichen direkte Berührungen zwischen einer zunächst eher unpolitischen Körper-Esoterik und extremistischen Denkmustern.

Treffpunkte von Rechtsradikalen

Neben Milieus, die anfänglich durch bestimmte Vorstellungen von Gesundheit und Körper motiviert waren, gab es seit Beginn der Pandemie starke Kräfte, die unmittelbar aus politischem Radikalismus heraus auf die Straße gingen.

Bereits Mitte April 2020, zeitgleich mit den »Querdenkern«, organisierten rechtsextreme Gruppen Versammlungen, die sich gegen die Schutzmaßnahmen richteten. Am 20. April hielt die vom sächsischen Verfassungsschutz beobachtete Gruppe »Pro Chemnitz« eine »Demonstration gegen die drohende Corona-Diktatur« ab, für die auch die NPD warb. Fünf Tage später rief der Bremer Landesverband der Partei »Die Rechte« zu einer Versammlung auf dem Lloyd-Platz in Bremerhaven auf. Für dasselbe Wochenende wurde in der AfD versucht, auf dem Marktplatz von Siegburg in Nordrhein-Westfalen einen »Spaziergang« – ein Bezug auf Pegida – gegen die Lockdown-Politik zu veranstalten. Dies zeigt ein interner, uns vorliegender Chat einer mittleren, »Flügel«-nahen AfD-Ebene im südwestlichen Nordrhein-Westfalen. Am 29. April kam es in Magdeburg zu der schon erwähnten Kundgebung der dortigen AfD-Landtagsfraktion. Am 1. Mai fand im sächsischen Aue-Bad Schlema eine von einem örtlichen NPD-Funktionär beantragte Demonstration unter dem

Motto »Vernunft statt Hysterie!« statt. Am selben Tag organisierte die neonazistische Partei »Der III. Weg« in München eine Kundgebung »Für den Deutschen Sozialismus – gegen Kapitalismus und Kommunismus« sowie im sächsischen Plauen eine Versammlung »Das System ist gefährlicher als Corona«.[127]

Weil all das schon so früh geschah, wird klar: Rechte Gruppen und die AfD haben sich an »Querdenken« nicht einfach angehängt, haben diese Bewegung nicht erst im Nachhinein okkupiert. Statt von einem Nacheinander ist von einer Gleichzeitigkeit der Mobilisierung in diversen Milieus zu sprechen. Gewiss, es gab dabei neue Milieus, nämlich die oben beschriebenen Gruppen mit alternativmedizinischer Motivation sowie anarcho-rebellische Akteur*innen, die politisch bis dahin kaum in Erscheinung getreten waren. Aber andere, schon länger im Politischen aktiv wie die AfD und ihre Anhängerschaft, waren ebenfalls sehr früh unterwegs. Sie liefen nicht etwa einem vorgepreschten »Querdenken« hinterher, sondern mobilisierten parallel. Die verschiedenen Milieus bewegten sich dabei anfangs in etwas größerer Entfernung voneinander und bald in unmittelbarer Nähe.

In der Frühphase aber stellten einige im rechtsextremen Spektrum die Schutzmaßnahmen nicht prinzipiell infrage, sondern versuchten, die Pandemie-Bedrohung mit Fremdenfeindlichkeit zu verkoppeln. Sie behaupteten, das Virus sei von Geflüchteten und Migrant*innen nach Deutschland eingeschleppt worden, und verlangten Grenzschließungen. In Sozialen Medien war unter anderem von »Corona-Migranten« die Rede.

In der vom Verfassungsschutz beobachteten »Identitären Bewegung« wurde vor allem die von ihr angefeindete Globalisierung für die Virus-Ausbreitung verantwortlich gemacht.[128] Und der Österreicher Martin Sellner, Leitfigur der deutschsprachigen »Identitären Bewegung«, glaubte zu wissen, dass zwar die alteingesessene Bevölkerung gegen das Virus zusammenstehen, sich aber Zugewanderte nicht an die Regeln halten würden. »Der Stresstest von Corona macht so klar und sichtbar wie nie, welche Bevölkerungsteile nicht der ›nationalen Solidargemeinschaft‹ angehören und nicht bereit sind, die kollektiven Opfer zu bringen«, schrieb Sellner im April auf der Internet-Seite sezession.de des neurechten Kleinverlegers Götz Kubitschek. Daraus folgte für Sellner, dass durch Corona die »Unvereinbarkeit der importierten Kulturen mit unserer Leitkultur« und das »Problem des Bevölkerungsaustausches« sichtbar würden. Hieraus wiederum erwüchsen bei den Alteingesessenen zusätzlicher Ärger über die Zugewanderten sowie der Wunsch, diese loszuwerden. Die Pandemie also sollte nach Sellners Meinung »das Konzept der Remigration« in der Politik stärken.[129] Später allerdings erschien er auf Demonstrationen, wo die Bedrohung durch das Virus von vielen geleugnet wurde.

Björn Höcke auf der anderen Seite verstand es, sogar die Infragestellung der Corona-Bedrohung mit fremdenfeindlichen Äußerungen zu verbinden. Für ihn war es im April 2020 »kein Zufall«, dass der Lockdown etwas früher gelockert wurde. Der Grund dafür, behauptete Höcke, wäre die »Bevorzugung einer kleinen religiösen Minderheit«. In jenem Jahr begann der muslimische Ramadan am 23. April. Deshalb habe die Landesregierung die Beschränkungen für religiöse Zusammenkünfte, die noch am Osterwochenende des 12. und 13. gegolten hatten, des Islams wegen aufgehoben. In Höckes Worten: »Während die Landesregierung Thüringer mit Bußgeldern abkassieren ließ, soweit diese an den österlichen Traditionen festhielten, schafft sie nun binnen kürzester Frist eine offensichtliche Ausnahme für Muslime.«[130] Neben Islamfeindlichkeit ist darin auch die Meinung zu erkennen, die Schutzmaßnahmen würden von den Regierenden nach Belieben verhängt, seien also nicht objektiv, sondern nur politisch begründet.

Zum Dauerbrenner der Rechten in punkto Fremdenfeindlichkeit wurde dann eine Neid-Kampagne wegen angeblicher Ungleichbehandlung. Im Herbst titelte der AfD-nahe *Deutschland-Kurier*: »Trotz Corona: Migranten-Charterflüge gehen munter weiter«. Inhaltlich ging es um 18 Familien und 42 Jugendliche, die aus den katastrophalen Zuständen der griechischen Camps befreit und nach Deutschland gebracht wurden. In dem kurzen Bericht liest man weiter: »Aktuelles Filmmaterial von der Ankunft der ach so gebrechlichen, geschundenen neuen Merkel-Gäste gibt es nicht.«[131]

Es überrascht nicht, dass Terror-Expert*innen der EU feststellten, dass Rechtsextremist*innen in der Pandemie versuchten, einen »Rassenkrieg« heraufzubeschwören. »Sie nutzen«, heißt es in einem Papier des Anti-Terror-Koordinators der EU, »die aktuelle Krise, um Minderheiten zu stigmatisieren und Desinformation zu verbreiten«.[132]

Who is Who der Szene

Fast alle Protagonist*innen der rechtsradikalen Szene strömten Ende August zur zweiten großen »Querdenken«-Demonstration in Berlin. Zu den anwesenden Neonazis gehörte Mike Sawallich aus Kassel. Er stand auf einer Liste mit 129 Namen, die Ermittlungsbehörden nach der Enttarnung der Terrorzelle NSU zu deren Umfeld erstellt hatten. Sawallich hatte sich nach dem Mord am Kasseler Regierungspräsidenten Walter Lübcke 2019 mit dem inzwischen verurteilten Mörder Stephan Ernst solidarisiert. Auf Facebook veröffentlichte er ein Foto, auf dem er und Ernst Arm in Arm zu sehen sind. Er stehe »in guten wie in schlechten Zeiten zum Kamerad E.«. Dieser sei »der beste Kamerad gewesen«.[133]

Ebenfalls nach Berlin gereist war der Dortmunder Robin Schmiemann. Der vorbestrafte Neonazi gilt als eine Schlüsselfigur der im Januar 2020 verbotenen, militanten Organisation »Combat 18«. Schmiemann, der wegen eines Überfalls im Gefängnis gesessen hatte, pflegte während seiner Haft eine Brieffreundschaft mit der NSU-Terroristin Beate Zschäpe. Nach dem Mord an Lübcke soll er in einem Video vermummt und mit verzerrter Stimme einen Journalisten bedroht haben.

Als am frühen Abend der Demonstration zahlreiche Teilnehmer*innen auf die Stufen des Reichstagsgebäudes strömten, lief auch Arthur Österle mit. Er war nicht nur bei der asylfeindlichen »Heimattreue Niederdorf« aktiv, sondern trat ebenfalls als Chefordner bei den »Pro Chemnitz«-Demonstrationen in Erscheinung. Zu den bekannten NPD-Gesichtern zählten in Berlin Lennart Schwarzbach, Landeschef in Hamburg, sowie der wegen Volksverhetzung vorbestrafte Ex-Bundesvorsitzende Udo Voigt. Auch Funktionäre von »Die Rechte« waren vertreten, etwa der nordrhein-westfälische Landesvize Michael Brück.

Die Teilnahme an solchen Demonstrationen ist für neonazistische Kleinparteien wichtig, weil ihre Mitgliederzahlen stagnieren und sie bei Kundgebungen auf sich aufmerksam machen können. Neben Hooligans sowie Mitgliedern von rechtsradikalen Burschenschaften und Kameradschaften waren Leitfiguren der »Identitären Bewegung« gekommen. So posteten Fans Selfies von sich und dem rechten Rapper Christoph Zloch alias Chris Ares. Zloch ist der identitären Rap-Szene zuzurechnen und veröffentlicht unter seinem Pseudonym Musik, die nach Einschätzung des Hamburger Verfassungsschutzes »subtil fremdenfeindliches Gedankengut« vermittelt. Zusammen mit Kai Naggert alias Prototyp, einer Führungsfigur der Identitären in Nordrhein-Westfalen, hat Zloch 2019 das Lied »Neuer Deutscher Standard« aufgenommen. Darin sei, so heißt es im nordrhein-westfälischen Verfassungsschutzbericht, »ethnischer Nationalismus« gepaart »mit Widerstandsrhetorik« zu finden.[134] Auch Naggert war auf der Demonstration, ebenso der rechte Rapper André Laaf alias Primus. Schon am Freitagabend vor der Großkundgebung unternahm Martin Sellner mit Jürgen Elsässer einen Rundgang vor dem Reichstag. Sie wurden unterwegs von Sympathisant*innen beklatscht.

Eine Bühne vor dem Reichstagsgebäude erhielt auch Rüdiger Hoffmann, früherer NPD-Kader und Kopf hinter der Reichsbürger-Gruppierung staatenlos.info. Gruppen wie diese nutzen die Pandemie, um ihre Verschwörungsideologie auszubauen. Demnach soll Corona ein Mittel sein, um eine »NWO« zu errichten, eine »neue Weltordnung«. Eine jener Gruppen, die »Verfassunggebende Versammlung«, signalisiert bereits in ihrem Namen, dass sie die Bundesrepublik für ein Land ohne Verfassung hält, dem die Voraussetzungen für einen Staat fehlten. Die Gruppe spricht auf ihrer Internetseite vom »1. Hybriden Weltkrieg«. Mit diesen Fiktionen von militärischen Angriffen und anderen Mythen, so urteilt der baden-württembergische Verfassungsschutz, wird eine »Notwehrsituation« konstruiert, um Umsturzpläne zu legitimieren.[135]

Noch nie ist in Deutschland die Präsenz von Reichsbürgern mit ihrer verfassungsfeindlichen Ideologie so sichtbar geworden wie bei den großen Demonstrationen 2020. Am sinnfälligsten machten dies die vielen schwarz-weiß-roten Reichsflaggen, die nichts anderes symbolisieren konnten als eine Identifikation mit dem Deutschen Reich statt mit der Bundesrepublik Deutschland.

Von Teilnehmer*innen solchen Schlags distanzierte sich »Querdenken«-Gründer Ballweg offiziell. Ihre Anwesenheit kommentierte er so, dass man schließlich keine Eintrittskontrollen durchführen könne.[136] Wer Teilnehmer*innen der Kundgebungen fragte, warum sie zusammen mit Rechtsradikalen auf die Straße gingen und diese gewähren ließen, bekam zwei Arten von Antworten. Entweder, man sehe keine Rechtsradikalen, oder, man trage keine Verantwortung für deren Mitwirken. Man würde ja auf den Besuch eines Fußballspiels nicht bloß deshalb verzichten, weil im Stadion auch gewaltbereite Hooligans oder Neonazis wären. Dass eine politische Demonstration etwas grundsätzlich anderes ist als der Besuch eines Fußballspiels, war diesen Leuten keinen Gedanken wert. Auch nicht, dass sie mit ihrer eigenen Neigung zu Verschwörungsmythen sowie ihrem Misstrauen gegenüber politischen Institutionen eine ideale Zielgruppe für extremistische Einflussnahmen sind. Sie meinten, es reiche, Abstand zu halten. Verbal ging Ballweg allerdings nicht gerade auf Abstand, als er bei einer Demonstration den QAnon-Slogan »Where We Go One We Go All« zitierte.[137]

Der »Querdenken«-Gründer ließ als Redner auch Leute wie den ehemaligen Journalisten Ken Jebsen auftreten. Der war einst beim rbb rausgeflogen, weil er einem Hörer geschrieben hatte, dass der »Holocaust als PR« erfunden worden wäre. Jebsen sei zwar umstritten, sagte Ballweg im Mai 2020 in Stuttgart, fügte aber hinzu: »Jemand, der mit einem YouTube-Video 2,7 Millionen Menschen erreicht, ist qualifiziert, seine Meinung zu sagen.«[138] YouTube sperrte später Jebsens Konto. Er blieb aber eine einflussreiche Stimme in der Szene und sprach Ende Februar 2021 von »potenziell tödlichen Corona-Genspritzen«.[139]

Der schon erwähnte Nikolai Nerling sagte im August bei der Groß-Demo am Reichstag, er habe sich mit Ballweg schon getroffen und sei mit ihm »schön grillen« gewesen. Ballweg bestreitet, sich jemals mit Nerling getroffen zu haben. Später eröffnete er ihm in einem Video: »Ich möchte dir mitteilen, dass du auf unseren Demonstrationen nicht mehr willkommen bist.«

Der Grund dafür war, was Nerling auf jener Demonstration über Ballweg gesagt hatte. Dass nämlich diesem »die sechs Millionen Menschen« zu verdanken seien, »die jetzt hier auf den Straßen sind«. Die Polizei zählte an dem Tag rund 40 000 Teilnehmer*innen. Dass Nerling von »sechs Millionen« sprach, ist wohl kaum anders als so zu verstehen, dass er auf die Opfer des Holocaust anspielte. So fasste auch Ballweg diese Äußerung auf und zeigte sich »schockiert«.[140] Nerlings Anspielung lässt sich als Holocaust-Verharmlosung interpretieren, weil er die Demonstrant*innen implizit auf dieselbe Stufe wie die von den Nazis Ermordeten stellte.

So etwas war bei vielen Demonstrationen gegen die Schutzmaßnahmen zu erleben: Teilnehmer*innen trugen gelbe Sterne, in denen nicht wie in der NS-Diktatur das Wort »Jude« stand, sondern zum Beispiel »Alternativpresse« oder »ungeimpft«. Mit Plakaten wie »Impfen macht frei« wurde auf die Tor-Inschriften nationalsozialistischer Konzentrationslager angespielt. Schlagworte wie »totale Impfung« oder »totale Hygiene« weckten Assoziationen an Hitlers »totalen Krieg«. Durch all das suggerierten die Demonstrant*innen erstens, mit den Schutzmaßnahmen werde eine Diktatur errichtet, und zweitens, sie selbst seien Opfer wie die Jüdinnen und Juden während der NS-Zeit. Maram Stern, Vizepräsident des Jüdischen Weltkongresses, nannte es »besonders widerlich«, wenn Corona-Leugner*innen versuchten, sich mit den Opfern des Holocausts gleichzusetzen. Das sei der »Inbegriff von Empathielosigkeit, Verblendung und Zynismus«.

Es geht aber um noch mehr als um die abscheuliche Anmaßung einer Opferrolle. Es geht auch darum, ein angebliches Recht auf Widerstand gegen einen demokratischen Rechtsstaat zu beanspruchen. Wie jene junge Frau, die im November auf ebenfalls schwer erträgliche Weise bei einer kleinen Demonstration gegen die Schutzmaßnahmen in Hannover sagte, sie fühle sich wie Sophie Scholl, da sie »seit Monaten hier im Widerstand« tätig sei. »Ich bin 22 Jahre alt, genau wie Sophie Scholl, bevor sie den Nationalsozialisten zum Opfer fiel.«[141] Sophie Scholl wurde im Alter von 21 Jahren ermordet.

Gekaperte Wende

Nachdem sich bei den Berliner Großdemonstrationen das radikale Potenzial dieser Bewegung gezeigt hatte, kam es Anfang November in Leipzig zur Eskalation. In Berlin waren Hunderte auf die Stufen des Reichstags geströmt, blieben aber stehen, als ihnen drei Polizisten Einhalt geboten. In Leipzig mischten sich dann Hunderte Neonazis und Fußball-Hooligans unter die Menge, beleidigten Maskenträger*innen, griffen Pressevertreter*innen an und lieferten sich Auseinandersetzungen mit der Polizei. Feuerwerkskörper wurden auf Beamt*innen geschossen, es gab Festnahmen. Stoppen konnte die Polizei den von Hooligans angeführten Zug nicht. Sie ließ ihn nach dem Abbruch der Kundgebung entgegen der genehmigten Route auf den Innenstadtring laufen. Auf einen mythischen Ort der Friedlichen Revolution 1989, wo Zehntausende gegen die SED-Diktatur demonstriert hatten. Von diesem revolutionären Hauch wollten die »Querdenker« just im November etwas abhaben.

Die Kundgebung hatte Sicherheitsbehörden schon in den Tagen zuvor Sorgen bereitet, weil rechtsextreme Gruppen massiv mobilisiert hatten. Sie wurden um die Teilnahme sogar gebeten: Bei einer kleinen Versammlung am Vorabend auf dem Leipziger Markt rief eine Rednerin »Hooligans«, »Gangs«, »Clans« und »Rocker« zur Unterstützung auf den Straßen auf.[142]

Der Samstag selbst sah dann so aus, dass vormittags das übliche »Querdenken«-Milieu aus ganz Deutschland in der Innenstadt zusammen strömte. Familien waren zu sehen, Leute mit Alu-Hüten, Trump-Begeisterte und der Höcke-Freund Götz Kubitschek. Der Pegida-nahe Schauspieler Uwe Steimle imitierte Erich

Honecker und sprach von »IM Covid«. Neonazis und Hooligans fiel es leicht, sich unter den Augen der Polizei und mit Duldung der Demonstrant*innen unter die Menge zu mischen. Sie wurden aktiv, als am Nachmittag die Kundgebung wegen permanenter Verstöße gegen die Maskenpflicht aufgelöst werden sollte. Da zogen die meisten Teilnehmer*innen nicht etwa ab, sondern marschierten auf den Innenstadtring. Den hatten Hooligans faktisch »freigekämpft«, indem sie die Polizei so lange bedrängten, bis diese die Absperrungen öffnete. So war die Kaperung der Friedlichen Revolution geglückt. Einige der Demonstrierenden skandierten »Frieden, Freiheit, keine Diktatur« – und natürlich »Merkel muss weg«.

Was in Leipzig passierte, nämlich die Vereinnahmung der Erinnerung an die Geschehnisse von 1989, hatte sich schon Ende April bei der ersten Demonstration der AfD-Landtagsfraktion in Sachsen-Anhalt abgezeichnet. Da griff der Abgeordnete Mario Lehmann zu bewährtem Werkzeug, zum DDR-Vergleich. Damit hatte seine Partei schon in mehreren ostdeutschen Wahlkämpfen die verschiedensten Sachgebiete traktiert, von der Zuwanderungspolitik bis zum Netzwerkdurchsetzungsgesetz. Nun also die Corona-Schutzmaßnahmen. Auf dem Platz lag eine Liste aus, in die sich die Anwesenden zur epidemiologischen Kontaktverfolgung eintragen mussten. Lehmann machte daraus ein Überwachungsinstrument, die »schwarze Liste von Frau Merkel«.[143] So etwas habe es »in Deutschland nicht mal bei Erich Honecker« gegeben. Anderes jedoch sei wie damals. Denn was bis 1989 die Bürgerbewegung und Ausreisewillige gewesen waren, wären heute »wir wahrscheinlich als AfD und auch unsere Freunde«. Die Versuche der Polizei, im Frühjahr 2020 bei ersten Anti-Lockdown-Demos die Hygiene-Auflagen durchzusetzen, bezog Lehmann in grotesker Verzeichnung ebenfalls auf die DDR: »Wir sehen Bilder, wie Uniformierte mit Mundschutz auf deutsche Bürger einprügeln, hebeln, wegschleppen. Das habe ich mit 19 Jahren als Wehrpflichtiger im Wendeherbst erlebt. Heute liefern wir ähnliche Bilder, wenn unsere Polizeibeamten nicht wachsam sind und sich nicht missbrauchen lassen.«

Mit diesen Analogien zwischen DDR und Bundesrepublik knüpfte Lehmann an rechtsextreme Denkmuster an: Er stellte die demokratisch-rechtsstaatliche Ordnung in die Nähe einer Diktatur und damit infrage. Zudem deutete der ehemalige Polizist Befehlsverweigerungen an (»wenn unsere Polizeibeamten sich nicht missbrauchen lassen«) und beschwor mit dem Bezug auf die Demonstrationen von 1989 die Möglichkeit eines systemsprengenden Widerstands herauf. Das ermöglichte Assoziationen, die Partei-Anhängerschaft könne ein revolutionäres Subjekt sein und sich ermächtigt fühlen, die Verhältnisse analog zu damals umzustürzen. »Wir werden immer mehr«, sagte Lehmann.

Nicht so bunt

Allerdings gab es bei dieser Bewirtschaftung ostdeutscher Mentalitäten aus Sicht der AfD nun ein Problem. Denn bei Corona ließen sich keineswegs aus allen regionalen Prägungen Widerstandsfunken schlagen. Mancher Mentalitätsbestandteil befand sich während der Pandemie sogar im Einklang mit dem damaligen und dem noch geplanten Handeln der Bundesregierung. So war in Ostdeutschland schon seit Jahrzehnten die Impfbereitschaft etwa bei Influenza signifikant höher als im

Westen. Dasselbe gilt für die Organspende-Zahlen. Der Blick auf den Körper scheint insgesamt nüchterner, die Skepsis gegenüber der Schulmedizin weniger verbreitet zu sein.

2015 bekundeten in einer Umfrage 55 Prozent der Westdeutschen, aber nur 43 Prozent der Ostdeutschen, dass Globuli gegen Kinderkrankheiten helfen würden. Hatte in der alten Bundesrepublik die Alternativmedizin zur politischen Sozialisation der mächtigen Babyboomer-Generation der siebziger Jahre gehört, so konnten sich Homöopathie und anthroposophische Lehren in der DDR weit weniger ausbreiten. Entsprechend stellte die Verhaltensökonomin und Psychologin Katrin Schmelz im Frühsommer 2020 bei einer repräsentativen Befragung von 5000 Deutschen fest: In der DDR aufgewachsene Menschen zeigten erkennbar weniger Grundsatz-Aversionen gegen Schutzmaßnahmen, die Parallelen zu ihren früheren Erfahrungen aufwiesen, etwa Impfungen oder Reisebeschränkungen.[144] Und bei den jüngeren Ostdeutschen, die nur wenige oder gar keine Erinnerungen an die DDR hatten, wurde in einer Studie des Deutschen Instituts für Wirtschaftsforschung ebenfalls im Frühsommer 2020 konstatiert, dass diese Nachgeborenen mit den Belastungen des ersten Lockdowns psychisch besser zurechtkamen als ihre Altersgenoss*innen im Westen.[145]

Somit konnte im Osten während der Pandemie ein Protest gegen das Regierungshandeln mit genuin vorpolitischen Prägungen der individuellen Psyche, des Körperbewusstseins oder der Haltung zur Schulmedizin weniger motiviert werden als im Westen. Deshalb waren unter den Ostdeutschen, die dann tatsächlich protestierten, weniger Menschen aus vormals »alternativen« Milieus. Mithin wirkte die Bewegung in Ostdeutschland nicht sonderlich »bunt«. Organisator*innen und Leit-figuren der Kundgebungen und der oft als »Spazier-gänge« ausgegebenen, kleineren Demonstrationen in vielen ostdeutschen Städten und Dörfern waren weithin AfD-Politiker*innen oder rechtsextreme Lokalgruppen. Auch wo es keine formelle Organisationsstruktur gab, versammelte sich im Wesentlichen jene Minderheit, bei der sich schon vor Corona ein rechtes bis rechtsradika-les Bewusstsein verfestigt und mit Hilfe immer glei-cher DDR-Analogien selbst bekräftigt hatte. Weil aber diese Minderheit proportional größer ist als im Westen, erlangte die Protestbewegung in Ostdeutschland eine vergleichbare Präsenz.

Bedient wurden ihre ideologischen Vorprägungen etwa durch Appelle an Fremdenfeindlichkeit. Als Pegida im Februar 2021 eine Demo-Dependance im sächsischen Zittau errichtete, mobilisierte die Redne-rin Karin Viehweg Benachteiligungsgefühle. Während die Deutschen nicht ihre Familien besuchen dürften, würden weiterhin »aus aller Welt Migranten« aufge-nommen. »Tausende Beamte« würden die Masken-pflicht kontrollieren und »Kindern den Schlitten weg-nehmen«. Aber Plätze und Parks überlasse man »ohne konsequentes Durchgreifen den Kriminellen und Drogendealern«.[146]

Als weitere Besonderheit der schon vorgängig radi-kalisierten Protestbewegung in Ostdeutschland kann das Selbstbewusstsein gelten, mit dem Schutzmaßnah-men missachtet wurden. Hunderte zogen im November 2020 ohne Masken und Mindestabstände durch den da-maligen Corona-Hotspot Hildburghausen in Thüringen und sangen »Oh, wie ist das schön«.[147] In den Wochen danach kursierten in Messenger-Diensten Bilder zu ei-ner »Stadtwette von Hildburghausen«, wonach es der

Polizei nicht gelingen werde, verbotene Versammlungen zu verhindern.[148]

Laut einer Forsa-Umfrage unter knapp 1900 deutschen Bürgermeister*innen nahmen Beleidigungen und Drohungen gegenüber Mitarbeiter*innen der lokalen Verwaltungen in Ostdeutschland während der Pandemie stärker zu als in den meisten anderen deutschen Regionen.[149] In Pößneck in Thüringen hielten Polizist*innen im Dezember einen Mann an, der sich einem behördlich untersagten »Spaziergang« gegen die Schutzmaßnahmen näherte. Ein Polizist stieß den Mann zurück, woraufhin dieser »Vollidiot« rief und das noch bekräftigte: »Pass auf«, sagte er zu dem Beamten, »wer mich anfasst, ist für mich ein Vollidiot. Was für einen Grund hast du, mich anzuhalten?« Wenige Sekunden später ging er auf einen anderen Beamten los und konnte erst von mehreren Polizist*innen überwältigt werden.[150]

Demokratieferne Raumkultur

Etwas Aggressives hatten die vielen »Spaziergänge«, die in Ostdeutschland von jeweils Dutzenden oder Hunderten unternommen wurden, auch schon ohne Angriffe auf Polizist*innen oder Verstöße gegen die Verordnungen. Eine eindeutig rechts geprägte Bewegung suggerierte damit Allgegenwärtigkeit. Sie eroberte sich urbane Räume, aus denen sich die große Mehrheit der Bürger*innen wegen der Pandemie zurückgezogen hatte und in denen auch kaum einmal Gegendemonstrationen stattfinden konnten. Die »Spaziergänge« waren Aneignungen. Möglich nur wegen demonstrativer Ignoranz gegenüber Vorsichtsmaßnahmen, offensiv renitent, inszenierten sie im Kontrast zur vermeintlichen Ängstlichkeit der Zu-Hause-Bleibenden den einschüchternden Mut von Aufsässigen. Wer leere Räume besetzt, hat in ihnen das Sagen.

Von einer »demokratiefernen Raumkultur« in Teilen Ostdeutschlands spricht der Soziologe Matthias Quent.[151] Es gebe dort Gegenden und es würden Gegenden geschaffen, in denen sich »viele im Widerstand« fühlten und »eine größere Bereitschaft zu illiberalem und unkonformem Verhalten« hätten. So entstehe eine regelrechte Lokalkultur des Widerstands gegen eine vermeintliche Einheit aus Merkel, Medien und Eliten. Das wiederum begünstige sowohl den Erfolg der AfD als auch die Missachtung von Schutzmaßnahmen.

Als demokratieferne Raumbesetzung in doppeltem Sinne kann bezeichnet werden, was sich im Frühjahr und Sommer 2020 im Osten Sachsens abspielte. Entlang der Bundesstraße 96 reihten sich allwöchentlich hunderte Menschen auf. Zu sehen waren Plakate mit Aufschriften wie »Wir sind ausgemerkelt« oder »Deutschland wehre dich, ansonsten bist du verloren«. Schon nach kurzer Zeit mischten sich Rechtsextreme unter die Leute. Neben schwarz-rot-goldenen Fahnen wurden auch Reichsflaggen geschwenkt, manchmal Reichskriegsflaggen. Schon am 10. Mai war auch der sächsische AfD-Landtagsabgeordnete Frank Peschel bei jenen Menschen, die »ihr Recht auf Meinungsfreiheit wahrgenommen« hätten, wie er auf Facebook schrieb.[152]

Eine Besetzung war das zum einen in historischer Hinsicht. Denn entlang der B 96, die in der DDR noch F 96 hieß, hatten sich am 3. Dezember 1989 schon einmal Menschen versammelt. Das war in der heiklen Phase nach dem Mauerfall und dem Ende der Montagsdemonstrationen, als Angst vor dem Beharrungsvermö-gen der SED und vor bereits auftauchenden West-Inte-ressen umging.

Quer durch die DDR, von Zittau in Sachsen bis nach Sassnitz auf Rügen, bildete sich damals mit Abzweigungen eine schier endlose Kette ergriffener Menschen, die mit Kerzen in den Händen für einen friedlichen und solidarischen Wandel zu demokratischer Rechtsstaatlichkeit in ihrem Land einstanden. Aufgerufen hatte damals die »Aktion Sühnezeichen«, eine maßgebliche Rolle spielten zwei evangelische Pfarrer. Und nun, 2020, immer sonntags zur Gottesdienstzeit zwischen zehn und elf Uhr, standen da wieder Leute, bildeten (sehr viel kürzere) Ketten und okkupierten damit Abschnitte eines mythischen Orts der Friedlichen Revolution. Wenn nicht alles täuscht, ist diese Okkupation gelungen und von Dauer. Wer denkt denn jetzt noch bei einer Straße mit der Nummer »96« an jenen Dezembertag der Wendezeit und nicht an diejenigen, die 2020 Journalist*innen entweder anpöbelten und gar nichts sagen wollten oder aber erklärten, dass Reichskriegsflaggen überhaupt nichts Seltsames an sich hätten.

Das ist der zweite Aspekt dieser demokratiefernen Raumbesetzung: Im beharrlichen Nebeneinander formierte sich eine lokale Kultur, in der jedes noch so extremistische Symbol bis hin zum Tattoo mit der »schwarzen Sonne« der SS gleichmütig hingenommen, aber jede kritische Frage von außen als diffamierendes Schwingen einer »Nazi-Keule« zurückgewiesen wurde. »Ich bin kein Rassist und habe nichts gegen Ausländer. Aber wenn man sich als Deutscher nur noch mit Schuldgefühlen bewegen darf wegen der Nazizeit, wegen Rassismus und was weiß ich alles, das ist ja wohl nicht normal«, sagte dem MDR ein Mann, dessen Pro-

testplakat eigentlich auf die Corona-Schutzmaßnahmen gemünzt war.[153] Die Pandemie, sie war hier offenkundig der Anlass, um Gemeinschaften zu inszenieren,
die nach außen permanent Demokratie fordern, aber
intern keine Frage nach demokratischen Grundsätzen
stellen.

DIE AFD
IN DER PANDEMIE

»Flügel« 1.0

Im Pandemiejahr 2020 überlagerten sich in der AfD zwei dramatische, heftig umstrittene Entwicklungen. Zum einen musste der völkische »Flügel« nach großen Erfolgen schwere Niederlagen hinnehmen. Zum andern wurde der Widerstand gegen die Corona-Schutzmaßnahmen zum neuen Radikalisierungsmotor für die Gesamtpartei. Der alte Wein der Partei – Verschwörungsmythen, das Schüren von grundsätzlichem Misstrauen gegenüber demokratisch legitimierten Institutionen sowie populistischer Hass auf Eliten – wurde in neue Schläuche gegossen und durch erhöhte Mengen von Wissenschaftsfeindlichkeit aufgefüllt. Eine Kultur des aktivistischen Regelbruchs etwa bei der Maskenverweigerung kam neu hinzu.

Die formelle Schwächung des alten »Flügels« und die Radikalisierung beim Corona-Thema bedingten und verstärkten einander und bildeten einen Gesamtkomplex. Doch um der Übersichtlichkeit willen sollen sie hier getrennt dargestellt werden. Zu beginnen ist mit dem älteren Konflikt, dem um den »Flügel«.

Dieser, beherrschend in der ostdeutschen AfD, konnte bei Landtagswahlen im Herbst 2019 seine Stärke ausspielen: jeweils gut 23 Prozent in Brandenburg und Thüringen, gar 27,5 Prozent in Sachsen. Aus Sicht des

»Flügels« hatte es sich also gelohnt, in den Wahlkämpfen unverblümt Fremdenfeindlichkeit und Chauvinismus zu propagieren. Als erfolgreich hatte sich zudem die Strategie erwiesen, in diesen Bundesländern intensiv an postsozialistische Ressentiments zu appellieren und durch immer neue »Meinungsdiktatur«-Vorwürfe die späte DDR mit der gegenwärtigen Bundesrepublik faktisch gleichzusetzen.

Allerdings war nirgends das selbstgesteckte Ziel erreicht worden, stärkste Partei zu werden. Die AfD hatte im Herbst 2019 ihr ostdeutsches Plateau erweitern, nicht aber noch erhöhen können. Gleichwohl: Der »Flügel« war innerparteilich mehr denn je eine Macht. Er setzte die AfD im Westen unter den Druck, nach Möglichkeiten zur Erlangung ähnlicher Stärke zu suchen. Die konnten nach Stand der Dinge nur in weiterer Radikalisierung bestehen.

Dem »Flügel« gegenüber stand das ungefähr gleich starke Lager der nicht extremistischen Nationalreaktionäre. In der Wirtschaftspolitik liberalistisch bis libertär ausgerichtet, radikalisierungsbereit bei allen Migrations- und Geschlechterfragen, aber auf dezentere Wortwahl bedacht, hielt und hält man sich in diesem Lager für »bürgerlich«. Naserümpfend wird die »Flügel«-Anhängerschaft als Gemeinschaft von »Jogginghosen-Trägern« am »Narrensaum« verächtlich gemacht – und gleichzeitig verharmlost. Das nationalreaktionäre Lager, das sich in jener Zeit mehr und mehr um den Ko-Parteichef Jörg Meuthen versammelte, hat seine Basis vor allem in den mitgliederstarken West-Landesverbänden. Dort gibt es die meisten Parteitagsdelegierten. Aber nur mäßige Landtagswahlergebnisse.

Dass keines der beiden Lager das andere übertrumpfen konnte, zeigte sich beim Bundesparteitag Ende

November 2019 in Braunschweig. Da wurde der Bundesvorstand neu gewählt. Hierbei misslang es einerseits dem »Flügel«, die Parteispitze völlig umzubauen. Eine Mehrheit oder auch nur Sperrminorität für dezidierte »Flügel«-Leute im Führungsgremium kam bei den Wahlen in Braunschweig nicht zustande. Andererseits wurden mehrere prominente Gegner*innen des »Flügels« aus dem Bundesvorstand ab- beziehungsweise gar nicht erst in ihn hineingewählt. Den Ausschlag hatte die schwer zu berechnende dritte Gruppe in der ideologischen Mitte der Partei gegeben. Von Rechtsradikalismus angetrieben, aber nicht extremistisch verfestigt, will dieses Lager weder eine Herrschaft des »Flügels« noch eine offene Opposition gegen ihn. So kam es in Braunschweig zum Patt.

Aber: Meuthens Anhängerschaft war es beim Parteitag gelungen, im Bundesvorstand eine vorerst schweigende Mehrheit zu installieren. Eine Mehrheit aus Funktionär*innen, die sich mit scharfer Kritik an Höcke bis dahin nicht sonderlich exponiert hatten, doch einige Monate später dem »Flügel« schwer zusetzten. In Braunschweig gewählt wurden sie, weil sie in ihren Bewerbungsreden erhebliche Radikalisierungsbereitschaft bekundet hatten, etwa durch Attacken auf Klimaschutz- oder Gender-Politik. So war ersichtlich: Das Heil der Partei wurde grundsätzlich weit rechts gesucht. In diese Richtung wiesen auch die Entwicklungen in den ersten Monaten des Jahres 2020.

Für Jörg Meuthen fing das Jahr mit einer juristischen Niederlage an. Vor dem Berliner Verwaltungsgericht scheiterte die AfD im Januar mit ihrer Klage gegen eine Strafzahlung, die von der Bundestagsverwaltung in Höhe von 269 400 Euro gegen die Partei verhängt worden war. Grund war, dass Meuthen im baden-württembergischen Landtagswahlkampf 2016 illegale Parteispenden in Form von Wahlkampfhilfen durch den Chef der Schweizer Werbeagentur Goal AG, Alexander Segert, erhalten hatte. Indem das Berliner Gericht die AfD-Klage abwies und damit die Bewertung der Wahlkampfhilfe als illegale Spende bestätigte, blamierte es Meuthen, der sich in der mündlichen Verhandlung ahnungslos und unschuldig gegeben hatte. Nun war er ein Vorsitzender, der seine Partei mehr als eine Viertelmillion Euro kostete.

Meuthens schwerer Schlappe folgte vier Wochen später Björn Höckes großer Triumph. Höcke und die von ihm geführte AfD-Fraktion im Thüringer Landtag sorgten im Februar durch einen sorgfältig geplanten Lockvogel-Trick dafür, dass sich der FDP-Politiker Thomas Kemmerich im dritten Wahlgang mit den Stimmen von FDP, CDU und AfD gegen Bodo Ramelow (Linke) zum Ministerpräsidenten wählen ließ. Da war der Jubel groß in der gesamten AfD. Dass ein Ministerpräsident der Linken verhindert und Kemmerich von AfD, CDU und FDP gewählt worden war, kommentierte Gauland so, dass sich »die bürgerlichen Kräfte durchgesetzt« hätten. In Hessen sagte der Landesvorsitzende Klaus Herrmann, die Thüringer Nachbarn hätten jetzt einen Ministerpräsidenten, »der die bürgerlichen Kräfte vertritt«. Der Berliner AfD-Fraktionschef Georg Pazderski sah eine »bürgerliche Wende«. Meuthen sprach von einer »bürgerlichen Mehrheit, die den Wählerwillen abbildet«.[154] Und wer hatte es hingekriegt? Höcke, der Lieblingsfeind der »Bürgerlichen« in der AfD. Auf einmal war er der Ober-»Bürgerliche«.

Alsbald freilich intervenierten die Bundesspitzen der Union und dann auch der FDP in Erfurt und sorgten für Kemmerichs raschen Rücktritt. Kanzlerin Merkel sprach sich dafür während eines Staatsbesuchs in Südafrika aus. So war es wieder vorbei mit der »Bürgerlichkeit« in Thüringen.

Das nahm Höcke kurz darauf bei einem Pegida-Auftritt in Dresden zum Anlass, in den fundamentaloppositionellen Modus umzuschalten. »Verbrauchte Parteien« hätten mit den Rückzugsaufforderungen an Kemmerich die »Arroganz der Macht« demonstriert und einen »sittlichen Dammbruch« ins Werk gesetzt, Merkel gar einen »Putsch«. So demonstrierte Höcke im Nacheinander der Erfurter Wahl und seines Pegida-Auftritts, dass er beides beherrschte: »Bürgerlichkeit« und Widerstand auf der »Straße«, zu der er sich bei Pegida ausdrücklich bekannte.[155] Beide Pole der politischen Möglichkeiten der AfD also – abgefeimte Parlamentstricks und die Radikalität von »Bewegungen« – schienen ihm zu Gebote zu stehen. Und für beides hatte Höcke den vollen Rückhalt der gesamten Partei.

Hanau und Hamburg

Am 19. Februar 2020 ermordete ein rechtsextremistisch motivierter, von Verschwörungsideologien erfüllter Mann in Hanau zehn Menschen und tötete am Schluss sich selbst. Der fremdenfeindliche Anschlag war ein

Schock für das ganze Land und warf abermals die dringliche Frage auf, welchen Einfluss der grassierende Rechtsextremismus auf Menschen hat, die es zu Gewalt und Mord drängt. In zahlreichen Kommentaren wurde angesprochen, wie sehr die AfD das Klima angeheizt habe. Doch die Partei wies alle Verantwortung von sich. Meuthen twitterte am Tag nach dem Anschlag, dieser sei »weder rechter noch linker Terror«, sondern »die wahnhafte Tat eines Irren«. Und weiter: »Jede Form politischer Instrumentalisierung dieser schrecklichen Tat ist ein zynischer Fehlgriff.«[156]

Diese offensive Verweigerung jeder Selbstkritik schadete der AfD in der Öffentlichkeit noch mehr und ließ ihre ohnehin geringen Chancen bei der vier Tage später stattfindenden Bürgerschaftswahl in Hamburg weiter sinken. Erstmals erlebte die Partei in einem Bundesland einen Rückgang ihres Stimmenanteils und schaffte es mit 5,3 Prozent nur knapp in die Bürgerschaft. Für Meuthen war das insofern eine weitere Niederlage, als sich die Hamburger AfD-Spitze schon seit Längerem ganz der innerparteilichen Strategie des Parteichefs angeschlossen hatte. Entsprechend wurde im Umkreis des »Flügels«, etwa auf Kubitscheks Seite *sezession.de*[157], der Hamburger Dämpfer mit erkennbarer Befriedigung als Konsequenz aus dem angeblich viel zu angepassten Kurs der AfD an der Elbe bewertet. So deutete in jenen Tagen fast alles auf eine weitere Schwächung des Meuthen-Lagers und eine regelrechte Machtübernahme des »Flügels« in der Gesamtpartei hin.

Doch noch am Tag der Hamburg-Wahl keimte das zarte Pflänzchen einer anderen Deutung auf. Diese ging bezeichnenderweise nicht vom schwer angeschlagenen Meuthen aus. Vielmehr drängte der sächsische Bundestagsabgeordnete Tino Chrupalla, der in Braunschweig mit »Flügel«-Unterstützung zum Ko-Vorsitzenden der AfD gewählt worden war und in seinen ersten Amtsmonaten kaum Profil entwickelt hatte, Meuthen zur Veröffentlichung eines Offenen Briefs an die Parteimitglieder.[158] Darin nannten die beiden vor Schließung der Hamburger Wahllokale den Hanauer Anschlag auf einmal »ein rassistisches Verbrechen« mit dem Motiv »Ausländerhass«. Wenn auch verklausuliert und verpackt in Angriffe auf alle anderen Parteien, wurde die AfD zur kritischen Selbstreflexion aufgerufen: »Allerdings müssen wir uns auch fragen, warum es unseren politischen Gegnern gelingt, uns überhaupt mit solch einem Verbrechen in Verbindung zu bringen. Dieser Frage müssen wir uns stellen, auch wenn es schwerfällt.«

Damit wurde ein kleiner Anfang gemacht, den Rechtsextremismus innerhalb der AfD als Gefahr zu thematisieren. Zwar wurde dieser konkrete Ansatz in Bezug auf Hanau oder andere rassistisch motivierte Morde dann weder von Chrupalla noch von Meuthen oder sonst irgendwem in der AfD konsequent weiterverfolgt. Später wurde er sogar zurückgenommen.[159]

Aber Meuthen entdeckte damals ein Thema, auf das er sich in der Folge konzentrieren sollte. Motiviert wurde er durch das, was auch hinter jenem Offenen Brief gestanden hatte. Nämlich durch das Erschrecken, dass die Partei von außen unter Druck geraten war. Im Fall Hanau zeigte sich das in Form öffentlicher Empörung über die extremistischen Tendenzen vieler AfDler. Kurze Zeit später kam ein weiterer Druck von außen hinzu, durch den sich Meuthen zu entschiedenem Handeln gezwungen sah.

Am 12. März 2020 gab das Bundesamt für Verfassungsschutz bekannt, dass es den »Flügel« als eine »gesichert rechtsextremistische Bestrebung« eingestuft habe. Er wurde damit vom vorherigen »Verdachtsfall« zum Beobachtungsobjekt. Dies bedeutete eine gravierende Bedrohung für die gesamte AfD. Denn wenn ein so großer Teil der Partei als gesichert rechtsextrem geführt wurde, war es wahrscheinlich, dass später auch die ganze AfD beobachtet würde. Besonders deshalb, weil die Partei und auch der Bundesvorstand bis dahin fast alle Vorwürfe des Verfassungsschutzes noch gegen die härtesten »Flügler« vehement zurückgewiesen und sich somit faktisch mit diesen solidarisiert hatten. Wer das tut, sitzt in einem Boot mit Höckes Anhängerschaft und muss damit rechnen, vom Verfassungsschutz nicht anders als diese behandelt zu werden.

Zur Lösung des Problems versuchte Meuthen zunächst den Eindruck zu erwecken, den »Flügel« werde es als offizielle Bootsbesatzung nicht mehr geben. Schon bald nach der Mitteilung des Verfassungsschutzes beantragten er und die hinter ihm stehende Mehrheit im AfD-Bundesvorstand, den »Flügel« innerhalb von nur zehn Tagen aufzulösen. Zwar wurde auf Drängen von Partei-Vize Alice Weidel, die sich längst mit dem Höcke-Lager arrangiert hatte, diese Forderung insofern etwas abgeschwächt, als der »Flügel« sich selbst auflösen und dafür einen Monat mehr Zeit bekommen sollte. Aber in der Sache setzte sich Meuthen durch – und Höcke war zähneknirschend einverstanden. Er und der zweite starke Mann der Parteiströmung, der Brandenburger Fraktions- und Landesparteichef Andreas Kalbitz, veröffentlichten eine Erklärung, wonach man bereit sei, die Strukturen »herunterzufahren« und unter dem Namen »Flügel« keine Aktivitäten mehr zu entfalten.

Fast zeitgleich aber erschien auf *sezession.de* ein Interview von Kubitschek mit Höcke. Letzterer sagte, dass er »als AfD-Mitglied peinlich berührt« sei von der Auflösungsforderung. »Nervöse Teile der Partei« hätten sich davon beeindrucken lassen, dass das »Establishment« den Verfassungsschutz auf »spaltende« Art und Weise »gegen die AfD in Stellung gebracht« hätte. Gleichwohl, so Höcke, werde der »Flügel« aufgelöst, weil er seine historische Mission erfüllt habe. Aber er selbst sowie Kalbitz »und alle anderen politikfähigen ›Flügler‹« würden »ihren politischen Kurs im Sinne der AfD weiterführen«.[160] Damit war klar: Das Logo und die sichtbaren Strukturen des »Flügels« würden verschwinden, aber der Machtanspruch, die Netzwerke und Gesinnungen würden bleiben. Entsprechend ließ sich der Verfassungsschutz von der Auflösungsankündigung nicht beeindrucken. Meuthen hatte mit der offiziellen Auflösung nicht viel gewonnen.

Kalbitz

Kurz darauf aber ging er einen entscheidenden Schritt weiter und versuchte, die Dreiteilung der Partei in eine scheinbare Zweiteilung zu verwandeln. Noch beim Parteitag in Braunschweig waren ja drei Teile zu erkennen gewesen. Erstens die selbst ernannten »Bürgerlichen«, zweitens eine mittlere Gruppe der allzeit Radikalisierungsbereiten, drittens der »Flügel«. Nun aber begann Meuthen ein nur noch zweiteiliges Entweder-Oder zu inszenieren.

Am 2. April postete er auf seiner Facebook-Seite einen für einen Parteichef unerhörten Text. Darin legte er den Mitgliedern nahe, über eine Aufspaltung der AfD in zwei Parteien zu diskutieren. Weil es ja zwei Strömungen gebe, die kaum miteinander zu vereinbaren seien. Einerseits die »freiheitlich-konservativ geprägten Mitglieder« (hier sah Meuthen wohl sich selbst), andererseits die »Gesinnungs- und Haltungsgemeinschaft« des »Flügels« mit einem »homogenen Gesellschafts- und Staatsverständnis«.[161]

Formell scheiterte Meuthen: Im Bundesvorstand wurde ihm wegen jenes Vorstoßes bescheinigt, »einen großen Fehler begangen« zu haben. Er musste erklären, »die Diskussion nicht weiter zu führen«. Aber echte Sanktionen wurden gegen ihn nicht verhängt. Und was er als Chef über seine Partei gesagt hatte – dass die AfD aus nur zwei und kaum miteinander zu vereinbaren Teilen bestehe –, das blieb in der Welt. Nach diesem Schema sortierten sich die parteiinternen Machtkämpfe, als es im Mai zur entscheidenden AfD-Schlacht um den bis dahin handelsüblichen Rechtsextremismus kam. Zur Schlacht um das Bundesvorstandsmitglied Andreas Kalbitz. Dass dessen Lebenslauf viele Verbindungen und Betätigungen im rechtsextremen Milieu aufwies, hatte ihm bis dahin nichts anhaben können. Aber 2020 wurde bekannt, dass das Bundesamt für Verfassungsschutz auf eine Namensliste der ganz und gar neonazistischen, 2009 verbotenen Heimattreuen Deutschen Jugend (HDJ) gestoßen war und dass auf dieser Liste »Familie Andreas Kalbitz« stand.

Daraus ergab sich für eine knappe AfD-Bundesvorstandsmehrheit um Meuthen ein Grund für den Rauswurf von Kalbitz: Dieser habe bei seinem AfD-Eintritt 2013 die HDJ-Mitgliedschaft (sowie eine frühere Zugehörigkeit zu den Republikanern) nicht angegeben. Deshalb sei seine Aufnahme in die Partei nichtig, er also gar kein rechtmäßiges Mitglied. Der Bundesvorstand beschloss daher im Mai, Kalbitz' AfD-Mitgliedschaft »mit sofortiger Wirkung« aufzuheben.[162]

Daraufhin tobte das gesamte völkische Lager vor Zorn. Zugleich aber tappten Gauland, Weidel und Chrupalla in die Falle des von Meuthen aufgebauten Entweder-Oder. Die drei hegten wie auch manche Beobachter*innen von außen erhebliche Zweifel, dass die Begründung für die Annullierung von Kalbitz' Mitgliedschaft parteienrechtlich standhalten würde. Statt jedoch in der Öffentlichkeit den Mund zu halten und den Ausgang des von vornherein absehbaren juristischen Nachspiels abzuwarten, bekundeten sie umgehend Distanz zum Vorstandsbeschluss. Somit gerieten sie in den Strudel einer Logik, wonach man in der AfD nur absolut gegen den »Flügel« und Kalbitz sein könne – oder eben für sie. Daraus kam vor allem Gauland nicht mehr heraus. Er wurde spätestens ab Mai als ein Parteigänger des »Flügels« wahrgenommen. Und auch Chrupalla und Weidel waren, wenn auch schlingernd, in dessen Nähe geraten.

Zunächst wieder obenauf waren die drei jedoch, als Ende Juni das Berliner Landgericht die Annullierung von Kalbitz' Mitgliedschaft für unwirksam erklärte. Umgehend wurde dieser wieder zum AfD-Fraktionschef in Brandenburg gewählt. Einen Monat später jedoch entschied das AfD-Bundesschiedsgericht über den Fall – das war vom Berliner Landgericht implizit gefordert worden – und bestätigte den Rauswurf. Abermals war bei den Völkischen der Teufel los.

Höcke sprach von »Willkür des Bundesschiedsgerichts« und bezeichnete dessen Urteil als »einen schweren Schaden für unsere Partei«.[163] Auch Gauland, der Ehrenvorsitzende, stellte sich gegen die Schiedsrichter*innen seiner eigenen Partei: »Leider ist es um die Parteigerichtsbarkeit nicht gut bestellt«, sagte Gauland der *Welt*.[164] Es gehe »offensichtlich um bestimmte politische Interessen, die hier aber nichts zu suchen haben dürfen«. Das trug Gauland umgehend den geharnischten Protest aller Parteirichter*innen ein, die mit dem Fall Kalbitz befasst waren. In einem Brief an ihn schrieben sie: »Die Unterzeichner weisen Ihre haltlosen Unterstellungen, die eines Ehrenvorsitzenden der AfD unwürdig sind, aufs Schärfste zurück.«[165] Damit stand Gauland endgültig auf der Verliererseite.

Bizarr wurde es Mitte August. Da verpasste Kalbitz seinem Brandenburger AfD-Fraktionskollegen Dennis Hohloch einen Fausthieb. Der war angeblich freundschaftlich gemeint gewesen, hatte aber bei Hohloch nicht weniger als einen Milzriss zur Folge. Die zweite Folge: Kalbitz musste den Fraktionsvorsitz wieder aufgeben. In den Folgemonaten scheiterte er zweimal vor ordentlichen Gerichten mit dem Versuch, einstweiligen Rechtsschutz gegen die Annullierung seiner Parteimitgliedschaft zu erwirken.

Als im September 2020 der dritte starke Mann des »Flügels«, der Bundestagsabgeordnete Frank Pasemann aus Sachsen-Anhalt, vom dortigen AfD-Landesschiedsgericht ebenfalls aus der Partei ausgeschlossen wurde – was im November das Bundesschiedsgericht bestätigte –, war der »Flügel« organisatorisch ein Trümmerhaufen. Für Meuthen war das ein Triumph. Und Gauland? Er hatte schon Anfang August im Interview für die *Welt am Sonntag* gesagt: »Ich kann die Partei nicht zusammenhalten, wenn sie sich auf diese Weise auseinanderdividiert. Das ist der schwere Vorwurf, den ich Meuthen mache.«[166] In der Tat: Meuthen hatte so getan, als könne man die AfD durch zwei teilen. Für einen wie Gauland, der jahrelang von der Suggestion gezehrt hatte, als Zentrist des Rechtsradikalismus die verschiedenen Lager der AfD vereinigen zu können – für so einen hatte Meuthens spezielles Schisma keinen Platz mehr gelassen.

Selbstverständlich ist mit dem Fall Kalbitz, in dem das Hauptsacheverfahren vor dem Berliner Landgericht bei Fertigstellung dieses Buches noch nicht abgeschlossen war, das Thema des gewissermaßen klassischen, vom »Flügel« repräsentierten Rechtsextremismus in der AfD überhaupt nicht erledigt. Vielmehr ist dieser Rechtsextremismus nicht nur in den weiter existierenden Netzwerken der Parteiströmung, sondern auch in der Jugendorganisation Junge Alternative sowie bei Ungebundenen weiterhin verbreitet. Aber Gegenstand parteiinterner Auseinandersetzungen war er nach den »Flügel«-Niederlagen des Jahres 2020 nicht mehr.

Er musste es auch nicht sein. Denn im selben Jahr ergaben sich mit Corona Möglichkeiten zur Erneuerung. Im Widerstand gegen die Schutzmaßnahmen ließ sich schärfste Radikalisierung betreiben, ohne dass gefürchtet werden musste, in direkten Nazi-Verdacht zu geraten. Diese Chance wurde in der AfD ausgiebig wahrgenommen: Ein Radikalismus neuen Typs brach sich Bahn. In der Partei führte das zu strukturell den gleichen Konflikten wie im Fall Kalbitz.

»Flügel« 2.0

Verschwörungsmythen über Corona fanden sich ganz am Anfang nur bei randständigen Personen. Etwa bei zwei baden-württembergischen Landtagsabgeordneten, die in Pandemiezeiten schon nicht mehr der dortigen AfD-Fraktion angehörten. Beide sind Ärzte. Der eine, Heinrich Fiechtner, trat im November 2017 aus der AfD und ihrer Landtagsfraktion aus. Das wirkte seinerzeit wie ein Protest gegen extremistische Positionen in der Partei. Alsbald aber radikalisierte er sich auf spezielle Weise. Der andere ist Wolfgang Gedeon. Er wurde 2016 wegen antisemitischer Positionen aus der Fraktion gedrängt, blieb aber noch jahrelang in der Partei aktiv und genoss bei einigen AfD-Landtagsabgeordneten weiterhin Sympathien. Anfang 2020 lief gegen ihn in der AfD ein Parteiausschlussverfahren, das im März 2020 vom Bundesschiedsgericht bestätigt wurde.

Somit war Gedeon, als die Pandemie nach Deutschland kam, kein Repräsentant offizieller AfD-Positionen mehr. Das gilt erst recht für den längst ausgetretenen Fiechtner. Aber dem Grundprinzip verschwörungsmythischen Denkens, das die beiden schon im Februar 2020 auf eigene Rechnung aus Anlass von Corona zu erkennen gaben, näherten sich dann im Laufe der Zeit viele AfD-Funktionär*innen an.

Am 5. Februar 2020 befasste sich der Landtag erstmals mit den Gefahren durch das neuartige Virus, und Fiechtner öffnete die Tür zu Verschwörungsmythen: »Was, wenn Corona ein akzidentiell oder vorsätzlich freigesetzter Biokampfstoff ist, der als grippaler Infekt getarnt im ersten Stadium die meisten von uns völlig asymptomatisch oder als kurze Formschwäche befällt, wir aber in drei Jahren alle im Rollstuhl verenden?«

Vertieft wurde dies von Gedeon. Er griff die in jener Zeit oft vertretene These vom Coronavirus als einem »Laborprodukt« auf und stellte wegen der ersten Ausbreitungswelle in China die »politische Frage«, wer ein Interesse haben könne, der Volksrepublik mit einem Virus zu schaden. Gedeon warf einen Blick über den Atlantik: »Es ist ein großes Problem, dass man hier also durchaus die Frage nach Biowaffen ins Auge fassen muss, insbesondere die Frage: Wer sind die geopolitischen Gegner von China? Die Nummer 1 sind hier die USA.«[167]

Betrachten wir noch kurz die weitere Entwicklung dieser beiden. Fiechtner trat später vor »Querdenkern« auf, unter anderem in der Stuttgarter Silvesternacht zum Jahreswechsel 2020/21.[168] Wenige Tage später sagte er im Landtag: »Wir haben Menschen an der Macht, die ihren Sadismus hemmungslos ausleben. Die Menschen verführen mit Lügen, mit einem aufgeblasenen Virus-Popanz, mit Infektionszahlen, die keine sind.« Und: »Wer die Impfung leichtfertig propagiert, macht sich letztlich zu einem Jünger Josef Mengeles.« Es folgten – zwei Tage nach dem Sturm aufs Kapitol in Washington – Umsturzfantasien: »So wie Sie die Menschen jetzt quälen, wird das, was wir nur als Show im Kapitol in Washington oder am Reichstag gesehen haben, Wirklichkeit werden. Dass die Bürger allein um ihres schieren Überlebens willen auf die Straße gehen und Sie aus Ihren Ämtern und Regierungssitzen vertreiben.«[169]

Gedeon baute im Laufe des Jahres seine Ideologie zu einem Buch aus.[170] Wie Fiechtner glaubte auch er, dass der große Aufstand in Form von Massenkundgebungen nicht mehr fern sei. Aber die – Gedeon zog eine Analogie zu den Montagsdemonstrationen in der DDR – würden bedroht: »Ein großes Problem für die deutschen

Montagsdemonstrationen werden die zahllosen zugewanderten Bürgerkriegssoldaten aus Afrika, Syrien und
Afghanistan darstellen. Man wird sie nicht uniformie-
ren, aber es besteht die Gefahr, dass sie sozusagen als
Kettenhunde des Systems auf Demonstrationen losge-
lassen werden.« Im Laufe des Jahres 2020 schafften es
nicht wenige in der AfD, zumindest in die Nähe der
Ideen von Fiechtner und Gedeon zu gelangen. Aber
im Februar hatte sich davon in der ganzen Partei noch
keine Spur gefunden.

Katastrophenschutz

Als Rednerin im baden-württembergischen Landtag
trat im Februar 2020 Christina Baum, ebenfalls Me-
dizinerin, ans Pult und sagte Sätze, die nur wenige
Wochen später in der Partei undenkbar waren. Baum,
die am rechten Rand der AfD steht, wandte sich gegen einen Vergleich von Grippe und Corona. Das lasse
den Eindruck entstehen, man nehme die »Sorgen aus
der Bevölkerung« nicht ernst. Mehr noch: Baum gab
hohen Respekt vor der WHO zu erkennen. »Die Mel-
dung, dass die Weltgesundheitsorganisation aufgrund
der rasanten Ausbreitung des Coronavirus den internationalen Gesundheitsnotstand ausgerufen hat, lässt
doch eher auf eine ernste gesundheitliche Bedrohung
schließen.«[171] Eine kritische Haltung bekundete Baum
nur insofern, als sie Zweifel äußerte, »dass diese Regierung die notwendigen Maßnahmen dann auch ausreichend flankiert«. So etwas war eine für AfD-Verhältnisse
völlig normale, gänzlich unspektakuläre Oppositions-
rhetorik. Diese setzte sich, wie Laura Hammel in einem
Dossier für die Heinrich-Böll-Stiftung gezeigt hat, bei

der Südwest-AfD bis in den März hinein fort.[172] Kritisiert wurde zwar, dass die Maßnahmen der Landesregierung unzureichend seien. Aber grundsätzlich erkannte die AfD die Gefährlichkeit des Virus an.

So war es auch auf Bundesebene. »Die Sterblichkeitsrate beim #Coronavirus ist zehn mal höher als bei einer normalen Grippe«, twitterte Alice Weidel am 26. Februar unter ausdrücklicher Berufung auf »Virologen«.[173] Allerdings verband sie dies mit aggressiven Anklagen: »Die Regierung unternimmt nichts, um die Risiken für die Bevölkerung zu minimieren.« Solcherart zum einen vor größter Gefahr zu warnen und zum andern eine angebliche Tatenlosigkeit der Regierung anzuprangern, blieb noch wochenlang das Prinzip der AfD. Am 13. März sagte Weidel, die Regierung habe den »Ausbruch des Corona-Virus zunächst in China und später auch in Italien völlig unterschätzt«. Es sei »fahrlässig« gewesen, dass 2013 entwickelte Handlungsempfehlungen zur Vorbereitung auf eine Pandemie in Deutschland nicht umgesetzt worden seien. »Der Schutz einfach aller Menschen in unserem Land wird bewusst vernachlässigt, statt ihn in den Vordergrund jeglichen politischen Handelns in dieser Krise zu stellen.«[174] Weidel machte sich also zur Fürsprecherin des Katastrophenschutzes – der traditionell ein Thema von Konservativen ist –, und ging sofort zum Angriff über. Sie warf der Regierung vor, was die AfD ihr schon bei vielen Themen vorgeworfen hatte: die Deutschen schutzlos Bedrohungen von außen auszusetzen.

Eine Woche später, am 20. März, forderte Meuthen, dass Merkel und die Ministerpräsident*innen nicht weitere Zeit mit Beratungen über Ausgangssperren verschwenden sollten. Denn Deutschland stehe »vor einer Katastrophe«. Deshalb sei es »allerhöchste Zeit für den

Shutdown. Jetzt!«[175] Auch als der Bundestag wenige Tage später – Deutschland befand sich mittlerweile im Lockdown – das erste große Hilfs- und Maßnahmenpaket debattierte, zog die AfD die Bedrohlichkeit des Virus nicht in Zweifel. »Zusammenstehen ist jetzt erste Bürgerpflicht«, sagte Gauland am 25. März im Plenum. Deshalb werde seine Fraktion den finanziellen Maßnahmen und gesetzlichen Änderungen »weitgehend« zustimmen. Ähnlich wie Weidel griff Gauland in den AfD-Werkzeugkasten der Radikalität. »Man kann also die Grenzen schützen«, sagte er mit Blick darauf, dass es in jenen Tagen tatsächlich Grenzkontrollen gab, nachdem die AfD im sogenannten »Flüchtlingsherbst« 2015 Grenzschließungen so vehement wie erfolglos gefordert hatte.

Indem Gauland hieran erinnerte, positionierte er sich zu Beginn der Pandemie klar auf der rechten Seite. Zu beachten ist aber: Er und Weidel propagierten gegen angebliche Nachlässigkeiten der Regierung einen starken deutschen Staat, der all seine Macht gegen eine von außen gekommene Bedrohung einsetzen müsse. Dass hingegen diese Bedrohung gar nicht so schlimm sei und dass man sich staatlichen Vorgaben aktiv widersetzen könne – davon fand sich in jener Woche noch keine Spur. Oder doch?

Als zweiter AfD-Redner sprach Peter Boehringer und befasste sich mit den Milliardenkosten, die durch die Stützungsmaßnahmen für die Wirtschaft entstanden. Da warnte Boehringer vor einer »Regierungshybris der totalen Steuerung und Finanzierung der ganzen Gesellschaft durch einen allgewaltigen Staat«. Man könne »sich nicht dauerhaft aus einer Krise drucken«. Damit sprach er neuerlich sein großes Thema an: Die Warnung vor dem Geld-Drucken, vor einer inflationären

Schulden-Ökonomie, die sich von der Realwirtschaft entkoppele. Auch hinter seinen oben zitierten Verschwörungsmythen à la »1984« und »Schöne neue Welt« stand Boehringers Wut auf den starken Staat. Entsprechend forderte er am 25. März schon einen »Ausstiegsplan« für die Beendigung aus dem Lockdown.

Wie passen diese beiden Vorgehensweisen zusammen? Während bei der AfD eine rechte Ideologie vom starken Staat mit der Lockdown-Politik prinzipiell vereinbar war, ergab sich aus einer in ihr ebenfalls präsenten und ebenfalls rechten radikallibertären Ideologie vom Widerstand gegen einen starken Staat ein Ansatzpunkt für den dann folgenden Protest gegen die meisten Schutzmaßnahmen. Dies aber war nur ein Ansatzpunkt von mehreren.

Bedeutungsverlust

In jenen Wochen wurde die AfD vom üblichen Schicksal der Opposition in Zeiten großer Gefahr ereilt: Fast alle Bürger*innen schauten auf die Regierung und die sie tragende Koalition, vertrauten der Exekutive und interessierten sich kaum noch für andere Parteien. Erst recht nicht für die AfD, die statt mit Regierungsunterstützung mit Quertreiberei in Verbindung zu bringen war. Entsprechend verfing in der Öffentlichkeit kaum etwas von dem, was sich diese Partei anfangs einfallen ließ. Nicht die alsbald auch von den anderen Oppositionsparteien vorgetragenen Forderungen nach stärkerer parlamentarischer Kontrolle der Schutzmaßnahmen. Und auch nicht der von Gauland mit der Formel »Grenzen schützen« intonierte Versuch, Migrant*innen die Hauptverantwortung für die Corona-Ausbreitung zuzuweisen und Asylsuchende wegen angeblicher Hotspots in ihren Unterkünften unter weiterer Verdacht zu stellen. Weil all das der AfD so gut wie keine Aufmerksamkeit bescherte, wurden dringend Ideen für eine neue Strategie bei diesem alles beherrschenden Thema gesucht, umso mehr, als die Partei in jenen Wochen auch an Aufmerksamkeit in ihrer wichtigsten Mobilisierungssphäre verlor, in den Sozialen Medien.

Das stellte laut *Tagesspiegel* auch der ausgewiesene AfD-Kenner Johannes Hillje fest: Auf Facebook, Twitter und Co. kam es zwischen Mitte März und Anfang April im Vergleich zu zwei zufällig ausgewählten vorherigen Zeiträumen fast zu einer Halbierung der Interaktionsrate mit Beiträgen der AfD.[176] Dies lag nicht zuletzt daran, dass sich viele AfD-affine Nutzer*innen schon im Frühjahr 2020 lieber mit Verschwörungsmythen zum Ursprung des Virus beschäftigten als damit, wie die AfD ihren Kurs zwischen Unterstützung und Kritik des Regierungshandelns suchte. Es wurde also höchste Zeit, dass die Partei ihnen bot, was deren Geschmack entsprach.

Ein Rezept fand früh der *Deutschland-Kurier*, der sich in den Jahren zuvor auf eine so auffällige wie finanziell aufwendige Weise für die Partei ausgesprochen hatte. Auf seiner Facebook-Seite tauchten am 1. April die Formeln »Shutdown-Irrsinn« und »Corona-Irrsinn« auf.[177]

Schon drei Tage zuvor hatte Hansjörg Müller eine »Corona-Hysterie« wahrgenommen und dabei die Bundesregierung und das Robert Koch-Institut (RKI) mit Verdächtigungen überzogen: »Regierung und RKI heizen, unterstützt von den Medien, die Panik anscheinend bewusst an, mindestens versuchen sie, eine historische Fehlentscheidung mit immensen negativen Folgen für die Wirtschaft und kaum messbaren psychischen und traumatischen Folgen für die Bevölkerung im Nachhinein zu rechtfertigen«, schrieb Müller. »Und das heißt, es ist spätestens ab jetzt kein Zufall mehr, sondern Plan. Und das ist jetzt keine Verschwörungstheorie, sondern blanke Verschwörungspraxis.«[178]

Müller verfiel hier auf Thesen, die im Netz gut liefen und zudem dem »Flügel« gerade recht kamen. Der war in jenen Wochen, wie oben beschrieben, unter anderem wegen des Verfassungsschutzes in die Defensive geraten. Ein Befreiungsschlag musste her, bei dem auch der aus »Flügel«-Sicht viel zu angepasste Meuthen etwas abbekommen sollte. Nachdem Müller mit seiner Einschätzung des von Meuthen geforderten Lockdowns als »Fehlentscheidung« begonnen und der *Deutschland-Kurier* die »Irrsinn«-Formel geprägt hatte, legte am 3. April ein weiterer AfD-Rechtsaußen nach. Der Bundestagsabgeordnete Stefan Keuter forderte in einem Video »die sofortige Beendung des Shutdowns in Deutschland«.[179] Zudem verlangte er, »dass echte Daten erhoben werden, was für eine Mortalitätsrate das Virus tatsächlich hat«. Damit wies Keuter seiner Partei die Richtung der im Internet bereits fleißig gestreuten Fundamentalzweifel an staatlichen Mitteilungen und wissenschaftlichen Mehrheitsmeinungen. Und noch etwas machte Keuter: Er hielt eine Grundgesetzausgabe in der Hand und sagte, dass Grundrechte »durch diese sogenannten Ermächtigungsgesetze« eingeschränkt würden. Formal beziehen ließ sich das zwar darauf, dass die vorherigen Bundestagsbeschlüsse das Gesundheitsministerium und die Landesregierungen zu bestimmten Maßnahmen ermächtigt hatten. Aber nicht hieran denken Deutsche beim Wort »Ermächtigungsgesetz«. Sondern an den Beginn der nationalsozialistischen Diktatur 1933. Keuter zeichnete mit seiner

Wortwahl einen Weg vor, der für die Partei in der Folge extrem wichtig wurde.

Verbinden ließ sich diese neue Strategie mit der offensiven Ignoranz, die andere Rechtsaußen in der AfD schon in jenen Tagen im persönlichen Verhalten zur Schau stellten. Keuters Fraktionskollege Stephan Brandner hatte am 14. März, als im ganzen Land die Ansteckungsangst groß war, ein Foto getwittert, auf dem er und Parteifreunde sich um einen Infostand drängen: »#Corona hin, #Covid her ...«, schrieb Brandner, »... wir stehen noch ein paar Stündchen mit dem #Bürgermobil in #Gera!«[180] Weitgehend ungerührt zeigte sich auch die »Flügel« dominierte AfD-Fraktion im Sächsischen Landtag. Sie setzte gegen heftige Einsprüche aller anderen Fraktionen eine Landtagssitzung in Vollbesetzung durch. So entstand gegenüber Corona ein Grundkonsens bei AfD-Radikalen: Die Bedrohung werde durch ein Machtkartell absurd übertrieben, aber man lasse sich nichts gefallen.

April, April

Doch auch die weniger Radikalen hatten in jenen Tagen starke Gründe, sich für die im Aufmerksamkeitsloch steckende AfD eine neue Corona-Strategie zu überlegen. Einer der Gründe dafür war Ostern. Es sollte wegen der Schutzmaßnahmen ohne öffentliche Gottesdienste gefeiert werden. Dass die beiden großen Kirchen dazu bereit waren, motivierte die AfD erst recht zu einer Gegenposition. Denn spätestens seit dem sogenannten »Flüchtlingsherbst« 2015 und dem intensiven Einsatz der Kirchen für die angekommenen Menschen waren die Spitzen beider Konfessionen in Deutschland zu Lieblingsfeind*innen der AfD geworden. Hinzu kam, dass auch christliche Rechtsaußen wie die katholische Gemeinde St. Afra in Berlin – wohin es die Protestantin Beatrix von Storch des Öfteren zieht – auf öffentlichen Gottesdiensten zu Ostern beharrten. Im Übrigen sieht sich die Partei als diejenige, die das Christentum gegen den Islam zu verteidigen habe. So verfielen auch die Religiösen in der AfD, die meistenteils nicht dem »Flügel« angehören, auf den Widerstand gegen den Lockdown.

Wie sehr sich die Stimmung in der Partei gedreht hatte, zeigte sich dann am 7. April. An jenem Dienstag kamen rund 70 AfD-Bundestagsabgeordnete zu einer Präsenzsitzung zusammen. Während die anderen Fraktionen auf solche Versammlungen zu verzichten versuchten, demonstrierte die AfD schon mit dem Treffen als solchem Dissidenz. Dabei kam für das Lager der selbsternannten »Bürgerlichen« ein weiteres Motiv für ein Umschwenken bei Corona hinzu: Weidel ärgern. Die Fraktionsvorsitzende war wegen ihres Arrangements mit dem »Flügel« bei dessen Gegner*innen in Ungnade gefallen. Außerdem wurde ihr im Frühjahr vorgeworfen, durch Führungsschwäche das Stimmungstief der Fraktion noch verstärkt zu haben.

In Sachen Corona war Weidel vorsichtig. Sie achtete auf Mindestabstände und reduzierte Kontakte. Dass sie sich oft die Hände wusch, wurde in der AfD-Männergesellschaft hinter vorgehaltener Hand als »Hygiene-Fimmel« verspottet. Im Vorfeld jener Fraktionssitzung hatte sie dafür plädiert, zwar die wirtschaftlichen Folgen des Lockdowns sowie das Krisenmanagement der Bundesregierung scharf zu attackieren, aber sich mit Zweifeln an der Bedrohlichkeit des Virus zurückzuhalten. Doch dies passte den Rechtsaußen nicht. Und im

Meuthen-Lager war man wegen der vorherigen Entwicklungen sauer auf Weidel. So bildete sich eine Koalition gegen sie und ihren etwas vorsichtigeren Kurs. Zur Fraktionssitzung erschien Weidel nicht; sie wollte jedoch per Telefon mitentscheiden. Das wurde ihr nicht erlaubt: Mangels physischer Anwesenheit durfte sie nicht mit abstimmen. Das war ein schwerer Affront gegen die Vorsitzende.

Die Fraktion beschloss einen Zehn-Punkte-Plan, in dem zwei Forderungen diametral vom damaligen Konsens fast aller anderen politischen und wissenschaftlichen Akteur*innen abwichen. Zum einen sollten »Geschäfte, Dienstleistungsbetriebe, Gastronomie- und Beherbergungsbetriebe, produzierendes Gewerbe, Bildungsanbieter und religiöse Einrichtungen« unter Einhaltung von Hygiene-Vorschriften »generell wiedereröffnet werden können«. Zum andern sei den christlichen Gemeinden zu erlauben, unter Berücksichtigung von Schutzmaßnahmen »das Osterfest 2020 in den Kirchen zu feiern«. Zwar wirkt dieser Zehn-Punkte-Plan beim Vergleich mit späteren Radikal-Absagen vieler AfD-Politiker*innen an fast alle Schutzmaßnahmen noch sehr zurückhaltend: Masken wurden im April genauso für nötig erachtet wie Mindestabstände. Von noch zu entwickelnden Impfstoffen versprach man sich viel. Aber entscheidend war die Abkehr von der Lockdown-Strategie. Per se musste das keine Radikalisierung sein. In der AfD aber war es ihr Beginn.

Es wäre falsch zu behaupten, die AfD hätte im ersten Pandemiejahr keine sachpolitischen Vorstöße unternommen. Tatsächlich forderte die Bundestagsfraktion sehr früh, dass das Parlament in Entscheidungen über die Schutzmaßnahmen deutlich stärker eingebunden werden müsse, als es die Regierungskoalition sowie die Bundeskanzlerin und die Ministerpräsident*innen zuließen. Diese Forderung entsprach der Ansicht mancher Verfassungsjurist*innen. Zwar ließ sich dabei die rechtspopulistische Grundhaltung der AfD erkennen, wonach die Regierenden und generell die »Altparteien« bestrebt seien, abweichende Meinungen unter Missachtung demokratischer Grundprinzipien zu unterdrücken. Doch das kann kein Grund sein, der Partei jene Vorstöße pauschal vorzuwerfen. Die Forderungen waren berechtigt, allerdings 2020 kein Alleinstellungsmerkmal der AfD, weil sie alsbald auch von den anderen Oppositionsparteien erhoben wurden.

Einige Vorstöße in diesem Zusammenhang waren jedoch problematisch. Etwa der, dass die Bundestagsfraktion im März 2020 beantragte, die Schutzmaßnahmen innerhalb sehr kurzer Zeiträume zu überprüfen und die Feststellung der außergewöhnlichen Notsituation auf einen Monat zu befristen. Außer Acht gelassen wurde hiermit, dass sich Schutzmaßnahmen auf Infektionsgeschehen und Todesfälle erst in größeren Zeiträumen auswirken können, sodass sich nicht schon nach wenigen Wochen sagen lässt, ob sie etwas gebracht haben oder nicht. Man kann der AfD daher vorwerfen, schon mit den Forderungen nach kurz getakteten Überprüfungen die machtvolle Eigendynamik des Naturgeschehens bei einer Pandemie kleinreden zu wollen. Aber das Beharren auf Parlamentsbeteiligung war als solches legitim.

Weiterhin kritisierten AfD-Politiker*innen, wie sehr es an wirksamem Schutz alter und vorerkrankter Menschen besonders in Pflegeheimen mangelte. Weil vor allem dies den starken Anstieg der Todeszahlen bewirkte, waren ihre Mahnungen zum Schutz der Risikogruppen ebenfalls legitim und berechtigt. Aber konkret vermochte die Partei zu diesem Thema nur wenig zu sagen. Noch im Januar 2021, als genügend Zeit für die Ursachenforschung und die Entwicklung von Schutzkonzepten verflossen war, fanden sich in einem Grundsatztext der Partei zu Corona nur wenige dünne Sätze über Pflegeheime. Mit Aplomb wurde da ein Thesenpapier vorgestellt, in dem die Spitzen der Bundestags- und aller Landtagsfraktionen die sofortige Beendigung des winterlichen Lockdowns verlangten.[181] Detailliert listeten sie alle Einrichtungen und Geschäfte auf, die zu öffnen seien. Aber zu Heimen stand dort lediglich: »Besonderer Schutz muss Bewohnern von Alten- und Pflegeheimen und Personen in häuslicher Pflege zukommen. Dies kann unter anderem durch eine Ausweitung von Testmöglichkeiten geschehen.«

Noch weniger, buchstäblich nichts, stand über Heime am Ende jenes Monats in einem Antrag der Bundestagsfraktion mit dem Titel »Strategie der Maßnahmen zur Bekämpfung des Coronavirus verbessern – Risikogruppen besser schützen«.[182] Nicht einmal die Testforderung aus dem Thesenpapier wurde aufgegriffen. Außen vor blieben Fragen wie die, warum auch fast alle anderen westlichen Demokratien ihre hochbetagten und vorerkrankten Bürger*innen nicht wirksam zu schützen vermochten und welche spezifischen Ursachen es dafür im deutschen Pflegesystem geben könnte. Ob die AfD so etwas überging, weil es gezeigt hätte, dass die Fürsorge für Hochbetagte in der Pandemie viel schwieriger war, als es der Slogan »Risikogruppen besser schützen« mit seiner Suggestion einer raschen Überwindbarkeit des Lockdowns verhieß? Fest steht, dass die AfD bei den Heimen sehr pauschal blieb.

Was alte Menschen generell betrifft, so wirkte manches ruppig. Als der gesundheitspolitische Sprecher Detlev Spangenberg im August 2020 im *Welt*-Interview gefragt wurde, wie er mit Hochbetagten umgehen würde, sagte er: »Es hat schon immer Isolierstationen und Einschränkungen der Kontakte bei gefährdeten Gruppen gegeben.« Zuvor indes hatte Spangenberg in dem Interview behauptet, dass der Frühjahrs-Lockdown bei Gewerbetreibenden das Suizid-Risiko erhöhen könne. Aber alten Menschen wollte er nicht weniger als die Isolation zumuten.[183] Die Bundestagsfraktion schlug in dem genannten Antrag vom Januar 2021 gar vor, alte Menschen, die in Familien leben, in leerstehenden Hotels zu isolieren: »Gefährdete Bewohner von Mehrgenerationenhaushalten mit beengten Wohnverhältnissen sollen temporär auf deren Wunsch in geeigneten Kurhotels untergebracht und dort versorgt werden, um sie räumlich vom Infektionsgeschehen zu trennen.« Auch wenn dies auf Freiwilligkeit beruhen solle, ist gut vorstellbar, dass so eine Regelung einen erheblichen Druck auf alte Menschen zur Entfernung aus der Familie ausüben könnte. Der Großmutter die Selbstisolation in einem leerstehenden Schwarzwälder Kurhotel nahezulegen, damit die Familie in Stuttgart ohne Lockdown leben kann – das ist eine befremdliche Form jener Stärkung von Familien, die die AfD in Wahlkämpfen propagiert. Und hatte man sich nicht schon wegen bloßer Vermutungen über eine »Entnahme« von

Kindern aus Familien über diktatorische Tendenzen erregt?

Als der AfD-Bundestagsabgeordnete Jörg Schneider diesen Antrag bei einer Pressekonferenz vorstellte, wurde er auch gefragt, welche Konzepte seine Fraktion für den Umgang mit den Virus-Mutanten habe, die sich in jener Zeit mit hoher Infektiosität unter anderem in Großbritannien ausbreiteten. In seiner Antwort stellte Schneider zunächst mit Recht fest, dass die Briten deutlich intensiver nach jenen Mutanten suchten und daher den Deutschen beim Wissen über erhöhte Ansteckungsgefahren voraus waren. Allerdings war in England mit dem Großraum London gerade wegen des genaueren Wissens ein Lockdown verhängt worden, der teilweise noch härter war als der damals in Deutschland geltende. Darüber sprach Schneider nicht. Stattdessen sagte er, dass man hierzulande selbst bei genauerer Kenntnis der Mutanten nichts verschärfen müsse: »Wenn wir dort jetzt schon wieder anfangen, stärkere Maßnahmen zu begründen, dann halte ich das eben für über das Ziel hinausschießend.«[184] Wer so denkt, braucht auch nicht die Briten für deren Mutanten-Beobachtung zu loben.

Tief erschüttert wird die Seriosität der AfD-Fachpolitik zudem durch ihre Haltung zu Masken. Schon im Mai hatte die Bundestagsfraktion beschlossen, das Maskentragen müsse anders als die verpflichtenden Hygiene- und Abstandsregeln auch in geschlossenen öffentlichen Räumen freiwillig sein.[185] Festgehalten wurde hieran im Januar 2021, als die AfD in dem genannten Thesenpapier die abrupte Beendigung des winterlichen Lockdowns überall dort forderte, wo »die Hygieneregeln umgesetzt werden«. Die Maskenpflicht gehörte für die Partei nicht dazu. Von Mund-Nasen-

Bedeckungen war in dem Papier denn auch nicht die Rede. Das heißt: Im Januar 2021, als die Infektions- und Todeszahlen in Deutschland sehr hoch waren, machte sich die AfD für eine vollständige Lockdown-Beendigung stark, ohne wenigstens noch eine Maskenpflicht vorzusehen.

Diese lehnte auch ein AfD-Politiker ab, der im Dezember 2020 lebensgefährlich an Covid-19 erkrankt war. Der Abgeordnete Thomas Seitz, der noch im Herbst mit einer definitiv nutzlosen Häkelmaske im Bundestag seine Verweigerungshaltung bekundet hatte, musste nach einer Corona-Infektion wochenlang intensivmedizinisch behandelt und sediert werden. Selbst als er Mitte Januar wieder daheim war, benötigte er auch bei kurzen Gängen in der Wohnung ein mobiles Beatmungsgerät. Dennoch war Seitz dagegen, die von seiner Partei geforderte Sofort-Beendigung des Lockdowns mit einer Maskenpflicht in den wieder eröffneten Geschäften zu verbinden: »Eine umfassende staatliche Maskenpflicht lehne ich ab«, sagte er im *Welt*-Interview.[186]

Bemerkenswert war dabei die Uneinheitlichkeit seiner Risikobereitschaft. Dass Seitz im Alter von 53 Jahren, keineswegs hochbetagt, dermaßen schwer erkrankte, war aus seiner Sicht kein Grund für umfassende Schutzmaßnahmen in der gesamten Gesellschaft. Vielmehr habe es sich bei ihm um eine »Folge des allgemeinen Lebensrisikos« gehandelt, »das auch mich ganz schwer erwischt hat«. Bereit, große Gefahren auf sich zu nehmen, scheute er aber das Risiko, sich nach einer Gesundung mit einem der in der EU immerhin mit Notzulassung versehenen Vakzine impfen zu lassen. »Die Impfstoffe, die jetzt auf dem Markt sind, wurden bisher viel zu kurze Zeit erforscht und getestet«, sagte Seitz. »Da werden die Impfprobanden zu Versuchskaninchen.

Das ist mir im Moment viel zu unsicher.« Damit blieb er auf der Linie, die sein Fraktionskollege Steffen Kotré wie erwähnt vorgezeichnet hatte, als dieser die Verwendung des Biontech-Vakzins als ein »Experiment« erachtet hatte. Ein anderer AfD-Abgeordneter, Robby Schlund, sprach im Dezember im Bundestag vom »hoch experimentellen mRNA-Impfstoff«.

Wenn eine Fraktion so etwas gleich zwei ihrer Redner in Bundestagsdebatten über Corona sagen lässt, dann kann sich der Vorsitzende dieser Fraktion kurz darauf eigentlich nicht über Verzögerungen bei der Impfkampagne der Bundesregierung in größter Empörung beschweren. Das aber tat im Januar 2021 Alexander Gauland unter der Überschrift »Impf-Chaos grenzt an Staatsversagen«.

Die Masche

Gaulands Kommentar ist auch deshalb bemerkenswert, weil er die Impfpolitik für eine Unterstellung instrumentalisierte. Nämlich für die, dass die Regierung schlampen würde, weil es ihr egal sei, ob die Menschen früh oder erst sehr spät zu einem normalen Leben zurückkehren können. »Offenbar«, so Gauland, »werden die unverhältnismäßigen Grundrechtseinschränkungen bereits als eine Selbstverständlichkeit angesehen. Ansonsten würde die Bundesregierung alles dafür tun, diese so schnell wie möglich wieder aufzuheben – etwa, indem ausreichend Impfmöglichkeiten für Risikogruppen geschaffen werden.« Indem Gauland somit suggerierte, die Regierung hätte gar kein Problem mit Grundrechtseinschränkungen, behauptete er diktatorische Tendenzen. Halten wir also fest: Erst stellte die AfD im Bundestag das Impfen unter großen Verdacht, dann beschwerte sie sich über den schleppenden Impfstart, und daraus dann leitete sie ab, die Regierung hätte kein Problem mit Grundrechtseinschränkungen.

Erkennbar wird damit, dass es der Partei nicht um eine konsistente Fachpolitik ging. Wäre das der Fall gewesen, so hätte sie entweder die Impfungen begrüßen und dann die Verzögerungen kritisieren – oder aber die Impfungen zurückweisen und den schleppenden Start klaglos hinnehmen müssen. Stattdessen wurde gänzlich unbekümmert um eine innere Logik jeder Anlass benutzt, um möglichst schwere Vorwürfe zu erheben. Vorwürfe, die stets auf radikale Widerstandshaltungen zielten.

Übrigens fand dann Björn Höcke noch einen Weg, auch das eventuelle Gelingen einer Impfkampagne als diktatorisch erscheinen zu lassen. Als nämlich im Januar 2021 in der Regierungskoalition diskutiert wurde, Geimpften größere Freiräume zu eröffnen, behauptete er, dadurch würde ein informeller Impfzwang erzeugt: »Wir werden nicht zulassen, dass Menschen, die sich nicht impfen lassen wollen, ihrer Freiheitsrechte beraubt werden, indem sie dann eben ›bestimmte Dinge nicht machen können‹. Es macht mich fassungslos, in welch dreister Art und Weise in diesem Land am Grundgesetz vorbeiregiert wird. Die Annäherung der CDU an die SED wird immer deutlicher: Was wir hier erleben, ist Totalitarismus und keine Demokratie!«[187] Hatte also Gauland das Nicht-Impfen als Ignoranz gegenüber Grundrechten erscheinen lassen, so schien Höcke hingegen nun beim Impfen eine Grundrechtsverletzung zu erkennen.

Ähnlich war es bei den Masken. Fachpolitisch konsistent wäre es gewesen, die Forderung nach einer Lockdown-Aufhebung mit der Maskenpflicht zu verbinden, damit alles schnell und sicher geöffnet werden könnte. Aber die Masken mussten aus ideologischen Gründen abgelehnt werden, weil die AfD den Anschluss an »Querdenken« und ähnliche Gruppen nicht verlieren wollte. Derart wurde die Konsistenz dem ideologisch motivierten Knalleffekt des Widerstands gegen die Masken geopfert. Als diese im Bundestag zur Pflicht geworden waren, klagte die Fraktion sogar dagegen.

So blieb die AfD in der Pandemie ihrer alten Masche treu. Sie nutzte das Parlament als Bühne, um Forderungen in den Raum zu stellen, die mit gesetzgeberischer Logik sehr wenig zu tun hatten, sehr viel aber mit der Hoffnung, außerhalb des Bundestags Ressentiments anzuheizen. Als größte Oppositionskraft konnte sie dabei auf erhebliche Resonanz hoffen. Zudem schaffte es die Partei mit ihren vielen unbelegten Verdächtigungen etwa gegen Impfstoffe, die Illusion jenes »Altparteien-Kartells« zu erzeugen, über das sie sich immer beschwert. Denn wenn sie die Regierung mit haltlosen Vorwürfen überzieht, bleibt den Oppositionsparteien von der Linken bis zur FDP wenig anderes übrig, als diese zurückzuweisen und damit faktisch die Regierung zu verteidigen. Und das wiederum ermöglicht der AfD, von einem vermeintlichen »Block« aller anderen zu sprechen. Obwohl sie selbst es war, die eine solche »Block«-Bildung – bei der es um die Verteidigung der Rationalität ging – durch ungerechtfertigte Angriffe erst erzeugt hatte.

Wie weit sich die AfD dabei von jeder Vernunft entfernen konnte, gab Bernd Baumann im November 2020 zu erkennen. Der Parlamentarische Geschäftsführer der Bundestagsfraktion sagte anlässlich der Novelle des Infektionsschutzgesetzes: »Die heutige Gesetzesvorlage ist eine Ermächtigung der Regierung, wie es das seit geschichtlichen Zeiten nicht mehr gab.«[188] Seit geschichtlichen Zeiten!

»Krieger und Kriegerinnen«

Die »Diktatur«-Behauptungen wurden zum Leitmotiv, das die AfD in immer schrilleren Tönen vortrug. Birgit Bessin, Ko-Landesvize in Brandenburg, schrieb Ende Oktober 2020 ganz unverblümt auf ihrer Facebook-Seite: »Merkel macht aus unserem Deutschland ein Land der Rechtlosen, Arbeitslosen und Zukunftslosen. Eine #Diktatur – Merkels Corona-Diktatur.«[189] Im selben Monat startete der niedersächsische Landesverband unter seinem damals neuen Chef, dem Bundestagsabgeordneten Jens Kestner, eine Plakatkampagne mit der Forderung »Die Corona-Diktatur muss beendet werden!«[190]

Schon aus diesen Behauptungen, die auf einen das gesamte System in den Blick nehmenden Widerstand hinauslaufen, wird ersichtlich: Die Ideologie des »Flügels« erlebte in der AfD im Zeichen von Corona einen Neustart. Auch insofern, als es die für diese Parteiströmung wichtigen Verschwörungsmythen sogar in ein offizielles Dokument der Bundestagsfraktion schafften. Die beantragte Ende September 2020 die Einsetzung eines Parlamentarischen Untersuchungsausschusses, der das Agieren der Bundesregierung in der Pandemie aufklären und dabei auch folgender Frage nachgehen sollte: »Welchen Inhalt hatten die Gespräche, die Mitglieder der Bundesregierung Merkel und Spahn im Untersuchungszeitraum mit Bill Gates geführt haben?«

Eine weitere Frage lautete: »Auf welche Weise kann für die Zukunft sichergestellt werden, dass die Bundesregierung durch ihre Sars-CoV-2- und Covid-19-Bekämpfungsmaßnahmen sowie dem (sic!) daraus resultierenden ökonomischen, gesundheitlichen und sozialen Schäden keinen unabsichtlichen Prototyp für hocheffiziente Angriffe gegen unsere Gesellschaft und Realwirtschaft durch Terroristen oder böswillige Finanzakteure geschaffen hat?«[191]

Diesen Satz sollte man zweimal lesen. Kaschiert als Frage und durch das Wort »unabsichtlich« ins scheinbar Wohlwollende gedreht, wurde darin der Eindruck erweckt, die Schutzmaßnahmen könnten von feindlichen Kräften für Großangriffe auf Deutschland genutzt werden. Wie Waffen. Diese grotesken Ideen sind nicht weit entfernt von oben beschriebenen Fantasien, in Pandemiezeiten führten geheime Kräfte »hybride« Kriege gegen die Völker. Wobei der im Antrag verwendete Begriff »böswillige Finanzakteure« auch noch Assoziationen an Höckes »Geldmachtelite« weckt.

Auf der Straße

Darüber hinaus elektrisierte es 2020 die Anhängerschaft des »Flügels«, ihre Ideologie mit einer größeren Zahl von Demonstrierenden teilen und sich somit dem rechtsextremen Traum von der »Bewegung« hingeben zu können. Wie üblich widersetzte sich Gauland dem nicht, sondern signalisierte schon am 11. Mai, nach dem ersten bundesweiten Kundgebungswochenende, per Pressemitteilung Solidarität: »Es ist völlig richtig, dass Menschen ihre Grundrechte wahrnehmen und gegen die Corona-Maßnahmen demonstrieren.« Die Beteiligung rechtsextremer Gruppen an vielen jener Demos war für Gauland kein Grund, sich von diesen zu distanzieren: »Nicht die Demonstrationen führen zur nun wieder beklagten Spaltung der Gesellschaft, sondern die pauschale Schmähung der Teilnehmer als Rechtsextremisten, Spinner, Wirrköpfe oder Verschwörungstheoretiker.« Warum auch hätte der AfD-Fraktionschef einen Trennungsstrich ziehen sollen, wenn dort viele Mitglieder seiner Partei Anknüpfungspunkte entdeckten? Während des ganzen Sommers beteiligten sich AfD-Mitglieder an lokalen Kundgebungen quer durch die Republik.

Auf besonders lebhaftes Interesse stieß in der Partei dann die Berliner »Querdenker«-Demonstration am 1. August, die dadurch berühmt wurde, dass deren Unterstützer*innen mehr als eine Million Teilnehmer*innen gesehen haben wollten, während die Polizei auf maximal 35 000 kam. Obwohl es bei der Demonstration zahlreiche Verstöße gegen Maskenpflicht und Abstandsregeln gab, obwohl Symbole des Rechtsextremismus zu sehen waren und Journalist*innen bedrängt wurden, sagte Parteichef Tino Chrupalla anschließend: »Die Menschen sind für ihre Grundrechte auf die Straße gegangen. Das kann man nur begrüßen und dafür steht auch die AfD.« Zur nächsten Berliner Großkundgebung am 29. August rief Chrupalla auf Twitter selbst auf.[192]

Dem folgten an dem Samstag mehr als zwei Dutzend AfD-Abgeordnete aus dem Bundestag und viele aus Landtagen. Für die Bundestagsabgeordneten war eigens eine wichtige Sitzung verschoben worden, damit Gelegenheit zur Teilnahme an der Kundgebung bestand. Dass dort auch viele rechtsextreme Gruppen kommen würden, war von vornherein klar, und

Jörg Meuthen warnte davor, sich mit ihnen gemein zu machen. Unbeeindruckt aber blieben davon einige Parlamentarier*innen, die sonst auf seiner Seite stehen. Etwa Joana Cotar, Jürgen Braun, Paul Viktor Podolay, Rüdiger Lucassen und Bruno Hollnagel. Stark vertreten war das Rechtsaußenlager.[193] Steffen Kotré kam gar zusammen mit einer rechtspopulistischen Delegation aus Polen. Ein Mann, der am frühen Abend an vorderster Front mit Hunderten anderen auf die Treppen des Reichstagsgebäudes lief, war Mitglied der Jungen Alternative.

Diese Szene auf den Treppen war anschließend das Einzige, wovon sich die AfD-Spitze distanzierte. Parteivize Beatrix von Storch fand jene kurzzeitige Besetzung »auch nicht in Ordnung«, wie sie im SWR sagte, warf aber dem nachfragenden Moderator sofort vor, er reduziere »diese ganze Bürgerbewegung aus der Mitte der Gesellschaft auf diesen einen Punkt«. Dass sich die vielen AfD-Mitglieder in einem gemeinsamen Zug mit zahlreichen Personen aus dem reichsbürgerlichen Milieu und Anhänger*innen antisemitischer Ideologien bewegt hatten, war der AfD-Spitze keinen öffentlichen Ausdruck anschließenden Bedauerns wert.

Weitgehend hingenommen wurde auch, dass sich Karsten Hilse und Robby Schlund bei der Demonstration lächelnd vor Plakaten hatten fotografieren lassen, auf denen unter anderem der Virologe Christian Drosten, Bayerns Ministerpräsident Markus Söder (CSU) und der SPD-Bundestagsabgeordnete Karl Lauterbach in Sträflingskleidung mit dem Schriftzug »schuldig« verunglimpft wurden.

Bei Hilse kam im Herbst etwas hinzu, das für die AfD neu war. Am 4. November trat er mit einem gut sichtbaren »Querdenken«-T-Shirt ans Rednerpult des Parlaments. Als widerständig inszenierte er sich zu jener Zeit auch dadurch, dass er im Bundestag trotz Maskenpflicht bloß einen vors Gesicht gelegten Wollschal trug. Als am 18. November 2020 in Berlin eine weitere Demonstration stattfand, ging er ohne Maske hin. Er wurde von der Polizei festgehalten. Nach deren Darstellung hatten Beamt*innen einen Mann angesprochen, der gegen die Maskenpflicht verstoßen habe. Er habe sich nicht kooperativ gezeigt, als Abgeordneter des Bundestags ausgewiesen und dann Widerstand geleistet. Bisher unaufgeklärt ist der Verdacht der Polizei, dass ein von Hilse als Begründung für den Masken-Verzicht vorgezeigtes Attest gefälscht gewesen sei. Als wir ihn kurze Zeit später an dem Tag auf den Vorgang und das Attest ansprachen, zeigte er uns zwar kurz einen Zettel, ließ aber nicht zu, dass wir den fotografieren.

Besonders bemerkenswert an dem Vorgang ist neben der Attestfrage ein Video: Zu sehen ist, wie Hilse am Boden liegt und von Polizist*innen festgehalten wird. Hilse selbst erklärte später, er sei wegen einer zu langsamen Reaktion auf die Anweisungen »brutal in Polizeigewahrsam genommen« worden. Auf Twitter gestellt hat das Video unter anderem Hilses Fraktionskollege Stephan Protschka. Er schrieb dazu: »Will man die einzige Opposition zum Schweigen bringen?«[194] Protschka bezog das Video damit auf die Ikonografie unterdrückten Straßenprotests, die zu jener Zeit etwa Filmberichte über Demonstrationen in Belarus prägte. An diesem Muster hatte sich übrigens Hansjörg Müller schon am 9. Mai bedient, nachdem er sich in Berlin einer kleinen Demonstration auf dem Alexanderplatz angeschlossen hatte. Dort drängten ihn Polizist*innen kurz zur Seite, als Müller ihnen den Weg versperrte. Hernach bezeichnete er den Rempler als ein Zeichen für den »Polizeistaat der Bundesrepublik«.[195]

Sind bei Demonstrationen in autoritär regierten Ländern staatliche Repressionen zu befürchten, so reisen zuweilen Abgeordnete aus demokratischen Rechtsstaaten an, um die Vorgänge zu dokumentieren und Opfern nach Möglichkeit zu helfen. Als »parlamentarische Beobachter« bezeichnete auch Jeannette Auricht sich und ihren AfD-Fraktionskollegen Gunnar Lindemann im Berliner Abgeordnetenhaus, nachdem die beiden zu der Demonstration gegangen waren, die in der Hauptstadt am 25. Oktober stattfand. Auf ihrer Website behauptete Auricht gesehen zu haben, »dass die Demonstranten absolut friedlich und besonnen« aufgetreten seien. Hingegen sei »ein ungewöhnlich hartes Vorgehen der Polizei zu bemerken« gewesen.[196] Auf Fotos und Videos unter anderem auf Twitter ist zu sehen, dass bei der Kundgebung Absperrungen missachtet und Polizeiwagen blockiert wurden. Auricht aber überschrieb ihren Text mit »Polizeigewalt nimmt zu«. Damit machte sie implizit einen Gegensatz auf: Auf der einen Seite die Illegitimität von angeblicher staatlicher Repression, auf der anderen Seite die Legitimität von Protesten auch unter Missachtung von Demonstrationsauflagen.

Auf radikalste Weise festgeschrieben hatte diesen Gegensatz schon kurz zuvor die Bundestagsabgeordnete Nicole Höchst bei der erwähnten »Konferenz der Freien Medien«. Dort erzählte sie, wie sehr sie sich über die Maskenpflicht im Bundestag ärgere, über die »Knebel-Knute«, die »Corona-Peitsche«. Sodann beschwor sie in eindeutiger Bezugnahme auf Nazi-Zeit und SS sowie die SED-Diktatur die Möglichkeit, dass »einzelne Bundesländer wohl demnächst Corona-Schutzstaffeln oder in Anlehnung an die Deutsche Demokratische Republik Corona-Sicherheit« haben würden. Aber »auf der anderen Seite«, so Höchst weiter, »rüsten wir auch auf. Ja, und darunter geht's jetzt nicht, 'ne Nummer kleiner geht es nicht. Ich halte uns tatsächlich für Krieger und Kriegerinnen für die Freiheit. Ja, wir sind Krieger und Kriegerinnen für die Freiheit. Wir im Parlament, und ja, da geht es manchmal durchaus kämpferisch zu. Das kann glaube ich jeder, der die Kommentare von den ganzen Linken, Grünen und im Prinzip von allen anderen immer hört, nur bestätigen. Und Sie kämpfen mit uns analog und virtuell als Realitätsschaffende, Gegenrealitätsschaffende.«[197]

Provokationen

Im Bundestag nahm der kämpferische Aktivismus bedrohliche Züge an. Als das Parlament am 18. November über die Novelle des Infektionsschutzgesetzes debattierte, marschierten als »Gäste« akkreditierte Personen durch den Reichstag sowie das Abgeordnetengebäude und bedrängten Parlamentarier*innen. Sie waren auf Einladung der AfD-Abgeordneten Udo Hemmelgarn und Petr Bystron in den Bundestag gelangt.[198] Weitgehend ohne Begleitung durch die Einladenden streunten die Aktivist*innen durch den Reichstag. In einem kurzen Ausschnitt eines Livestreams des YouTubers Elijah Tabere ist zu sehen, wie er und der »Silberjunge« Thorsten Schulte sowie eine Mitarbeiterin von Hemmelgarn sich in dessen Bundestagsbüro aufhielten.[199]

Anschließend gelangte die Gruppe durch die unterirdischen Gänge bis ins Reichstagsgebäude. Auf dem Weg gesellte sich die rechte Aktivistin Rebecca Sommer hinzu, die dann vor einem Fahrstuhl auf Wirtschaftsminister Peter Altmaier (CDU) einredete, ihm sein Gewissen absprach, und ihn, als die Fahrstuhltür zuging, beschimpfte. In einem Video von Tabere war weiterhin zu sehen, wie Sommer Personen mit gezücktem Handy nach ihrem Abstimmungsverhalten befragte, darunter Grünen-Fraktionschef Anton Hofreiter. Auch der FDP-Innenpolitiker Konstantin Kuhle beschwerte sich über Belästigung.

Gauland und Weidel distanzierten sich später von den Vorfällen: »Wir bedauern das inakzeptable Verhalten.« Gauland schränkte anschließend ein, dass die einladenden Abgeordneten nur dafür verantwortlich zu machen seien, jene Personen nicht begleitet zu haben. Für deren Verhalten könnten sie aber nichts. Gleichwohl verdonnerte der Fraktionsvorstand Bystron und Hemmelgarn dazu, Entschuldigungsbriefe an Bundestagspräsident Wolfgang Schäuble (CDU) zu schreiben. Zudem wurde ihnen für mehr als drei Monate verboten, im Plenarsaal Reden zu halten und Zwischenfragen stellen.[200] Öffentlich nicht kritisiert wurde aber, dass einige AfD-Bundestagsabgeordnete vor der Abstimmung über das Infektionsschutzgesetz dazu aufgerufen hatten, die E-Mail-Accounts von Parlamentarier*innen anderer Fraktionen mit Protestschreiben zu fluten. Bis zu 37 000 solcher E-Mails sollen in einzelnen Büros eingegangen sein.[201]

In der Partei verfestigte sich der Gedanke an Aktivismus immer mehr und wurde zur Rebellionsfantasie ausgebaut. »Die Bewegung auf der Straße lässt sich nicht aufhalten«, erklärte im November 2020 Birgit

Bessin im Namen der Brandenburger AfD. »Der grundgesetzlich garantierte Protest wird immer größer werden und bei der nächsten Wahl die Regierung aus Amt und Parlament schwemmen.«[202]

Der große Krach

All das brachte Jörg Meuthen in Rage. Der AfD-Chef musste zur Kenntnis nehmen, dass sein Vorgehen gegen das bis dahin übliche Gebaren der Höcke-Anhängerschaft konterkariert wurde durch die Begeisterung, die in der AfD nun von der rechtsradikalen Bewirtschaftung des Corona-Themas ausgelöst wurde. Die Annullierung von Kalbitz' Parteimitgliedschaft nutzte Meuthen wenig, wenn der »Flügel« beim Widerstand gegen die Schutzmaßnahmen einen Neustart durchführte. In Umfragen, auch das hat ein Vorsitzender zu berücksichtigen, gingen im Herbst 2020 die AfD-Werte zurück. Überdies konnte kein Zweifel daran bestehen, dass die Verfassungsschutzbehörden, wenn sie sich denn von Kalbitz' Rauswurf überhaupt beeindrucken ließen, nur auf die »Krieger und Kriegerinnen« im Viruszusammenhang schauen mussten, um weitere Gründe für eine verschärfte Gangart gegenüber der Partei zu finden.

Meuthens Ärger hatte aber auch inhaltliche Motive: Verschwörungsmythen, wonach Regierende die Virusbedrohung zum Zweck der Volksunterdrückung erfinden würden, lehnte er ab. Wer so etwas denke, »sollte tatsächlich besser seinen Geisteszustand überprüfen lassen«, schrieb er schon Anfang August auf seiner Facebook-Seite.[203] Hinzu kam die Sorge um die eigene Sicherheit: Der Aktivismus des Regelverstoßes, der sich in der AfD breitmachte, musste ihn beunruhigen, nachdem der Freiburger Partei-Rechtsaußen Dubravko Mandic im Frühjahr 2020 ein Video veröffentlicht hatte, in dem ein Sarg mit dem Konterfei Meuthens und der Aufschrift »R.I.P« zu Grabe getragen wurde.[204] Ungefähr zur selben Zeit wurde ebenfalls in Freiburger AfD-Kreisen die Privatadresse von Meuthen und seiner Familie bekannt.

Aber zum großen Krach ließ es Meuthen erst im November kommen. Am letzten Wochenende des Monats fand im nordrhein-westfälischen Kalkar ein AfD-Bundesparteitag statt, dessen Hauptthema eigentlich der Beschluss von Leitlinien für die Sozial- und besonders Rentenpolitik sein sollte.

Doch dieses Thema wurde von Meuthens Eröffnungsrede am Samstagmorgen völlig überschattet. »Wie pubertierende Schuljungen«, so Meuthen, hätten sich jene Bundestagsabgeordneten verhalten, die Störer ins Hohe Haus eingeladen hatten. Den Begriff »Corona-Diktatur« wies er zurück: »Wir leben in keiner Diktatur«, sagte er, »sonst könnten wir diesen Parteitag heute wohl auch kaum abhalten.« Wer das Infektionsschutzgesetz als »Ermächtigungsgesetz« bezeichne, betreibe »eine implizite Verharmlosung« der NS-Zeit. Rhetorisch fragte er, ob es »klug« sei, »wenn sich allerlei AfD-Funktionäre ohne jede kritische Distanz mit der sogenannten Querdenker-Bewegung kritiklos gemein machen«. Dort würden sich »neben ganz normalen besorgten Bürgern« auch »nicht ganz wenige Zeitgenossen« engagieren, »deren skurrile, zum Teil auch offen systemfeindliche Positionen und Ansichten den Verdacht nahelegen, dass bei ihnen tragischerweise noch nicht einmal das Geradeausdenken richtig funktioniert«. Als »Kindergarten« bezeichnete es Meuthen, wie einer »unserer bayerischen MdBs« – zu denken war an Hansjörg Müller – »es geradezu gezielt darauf anlegte, in eine Rempelei mit der Polizei zu geraten, was ihm auch gelang und ihn dann zu einer gespielten theatralischen Entrüstung veranlasste, in der er sich als Opfer zu inszenieren offenkundig gefiel«. Auch die ganze Partei sprach Meuthen an: »Wir werden nicht mehr Erfolg erzielen, indem wir immer aggressiver, immer derber, immer enthemmter auftreten.«[205]

Nach der Rede klatschte gut ein Drittel der knapp 600 Delegierten begeistert. Ein zweites Drittel pfiff und buhte. Der Rest schwieg und hielt die Hände still. Da war sie wieder, die alte Dreiteilung. Mehr aber passierte zunächst nicht. Gauland ging alsbald auf Distanz zur Rede und nannte sie im TV-Sender Phoenix »in Teilen spalterisch«. Weidel äußerte sich im selben Sender zurückhaltender, warnte aber davor, die »Querdenker« zu »diffamieren«. Wie aufgeregt Weidel war, zeigte sich in dem Interview daran, dass sie dieses abbrach, weil sie wohl meinte, der Moderator habe mit Blick auf die sozialpolitischen Vorstellungen der Parteirechtsaußen das Wort »nationalsozialistisch« benutzt. Tatsächlich sagte er »sozialnationalistisch«. Trotzdem zog Weidel vor der Zeit aufgebracht von dannen.

In der Halle jedoch ging der Samstagnachmittag herum mit sozialpolitischen Diskussionen. Allerdings konnte deren weitgehende Erregungsarmut die Frage aufkommen lassen, ob den Delegierten die Kompromissformeln des Leitantrags zu wenig Stoff lieferten – oder ob sie das Thema einfach nur hinter sich bringen wollten, um genügend Zeit für den Streit über Meuthens Rede zu haben. Wie dabei die Mehrheiten aussehen würden, ließ sich am späten Samstagnachmittag schon erkennen. Denn bei Nachwahlen für frei gewordene Plätze im Bundesvorstand kamen – durchweg knapp – Parteimitglieder zum Zuge, die als Meuthen-nah bekannt waren.

Hausbrand

Doch Meuthens Gegner*innen wollten es wissen und gingen am Sonntagmorgen zum Angriff über. Sie machten sich für einen Antrag stark, der schon seit Tagen vorlag, aber zunächst als chancenlos gegolten hatte: Ausgerechnet der Kreisverband Freiburg mit Dubravko Mandic wollte eine Missbilligung Meuthens wegen »spalterischen Gebarens« in den vorangegangenen Monaten bewirken. Diesen Antrag versah dann am Sonntag Birgit Bessin mit einem Änderungsantrag, wonach der Parteitag »die Unterstellungen aus der Begrüßungsrede von Prof. Dr. Meuthen« missbilligen und zurückweisen solle. Dann begann die offene Feldschlacht. Kurz vor deren Ende sagte nach knapp zwei Stunden ein Delegierter: »Wir zünden gerade unser eigenes Haus an«.

»Seid ihr des Wahnsinns, eine Debatte über unseren Parteivorsitzenden zu beginnen?«, fragte in großer Erregung der Bundestagsabgeordnete Norbert Kleinwächter die Meuthen-Kritiker*innen. »Herr Dr. Meuthen, Ihre Zeit in der AfD ist vorbei«, hielt Kleinwächters Thüringer Fraktionskollege Jürgen Pohl dagegen. Stephan Brandner verkündete, dass Meuthen der Partei »schweren Schaden zugefügt« habe. Dieser erwiderte, dass er mit »ideologisch motivierten Verdrehungen« attackiert werde. »Ein Führer ins Nichts« sei Meuthen, entgegnete Hans-Thomas Tillschneider, Landtagsabgeordneter in Sachsen-Anhalt. In beiden Lagern war man sich bewusst, was da abging. »Das ist kein Spiel«, befand der Bundestagsabgeordnete Dirk Spaniel, ein scharfer Meuthen-Kritiker. »Im Moment bricht hier etwas auf, was seit Langem schwelt«, konstatierte der hessische AfD-Fraktionschef Robert Lambrou, der zu Meuthen hielt.

Bemerkenswert an den Auseinandersetzungen war nicht nur, welche Wut sich gegen Meuthen richtete, sondern auch, wie offen sich manche dabei zur Unterstützung der »Querdenker« bekannten: »Die ›Querdenker‹-Bewegung muss selbstverständlich unser Partner auf der Straße sein«, betonte Sachsens AfD-Landeschef Jörg Urban. Andere sprachen davon, jene Demonstrant*innen seien Wähler*innen der AfD, und die dürfe man nicht vor den Kopf stoßen. »Ich war am 18. November mit in Berlin wie viele andere von euch vielleicht auch«, erzählte Bessin. »Ich stand neben den Wasserwerfern.«

Christina Baum sprach offen aus, dass es in dem Streit auch um die Macht des »Flügels« ging. Meuthen habe schon einmal »eine ganz üble Rede« gehalten, nämlich bei einem Landesparteitag 2019 in Heidenheim, wo »er die Hälfte der Mitglieder beschimpft« habe. Tatsächlich hatte sich Meuthen damals mit den Radikalsten des »Flügels« angelegt und deren »gruppenbezogene Menschenfeindlichkeit« vor allem gegenüber Zugewanderten kritisiert. Indem Baum hieran in Kalkar erinnerte, charakterisierte sie den Streit als neuerlichen Kampf von Meuthen gegen den »Flügel«.

Aber dann verpuffte in Kalkar plötzlich der Streit, in dem es zeitweilig so geschienen hatte, als würde es zu einer Entscheidungsabstimmung kommen zwischen dem rechtsradikalen bis -extremen Lager einerseits und der trotz allen Furors um etwas Zügelung bemühten Anhängerschaft Meuthens andererseits. Als sich die Feindseligkeiten hinzuziehen begannen,

verhedderten sich Bessin und Mandic in satzungsrecht-
lichen Detailfragen, wie sie ihre beiden Formulierun-
gen in einem Antrag verbinden könnten. Es entstand
eine Pause. Die nutzte der Bundestagsabgeordnete Kay
Gottschalk, um die Nichtbefassung mit diesem Antrag
zu fordern. Der Vorschlag erhielt die Mehrheit. Plötzlich war ohne Abstimmung in der Sache alles vorbei.
Schlagartig leerte sich der Saal. Wobei sich natürlich
fragen lässt, wie der Parteitag für »Nichtbefassung«
stimmen konnte, nachdem sich die Delegierten gut
zwei Stunden lang auf intensivste Weise mit dem
Thema befasst hatten. So bleibt als Ergebnis, dass den
AfD-Mitgliedern die tiefen Zerwürfnisse in ihrer Partei
so deutlich wie noch nie geworden waren.

Ruhe kehrte nicht ein: Eine Woche später sagte
Höcke bei einem Auftritt im nordrhein-westfälischen
Höxter, seine Erwartungen an Meuthens Rede seien
»bitter enttäuscht worden«. Was die Partei nicht brauche, sei »der erhobene Zeigefinger eines Bundesspre-
chers«. Gauland wiederholte in den Wochen nach Kalkar mehrfach den Vorwurf, Meuthen habe mit seiner
Rede einen Keil in die Partei getrieben.

Allerdings lässt sich nicht sagen, dass sich Meuthens
Strategie einer Zweiteilung weiterhin durchgesetzt
hätte. Erkennbar war das schon beim Parteitag geworden, als er und seine Unterstützer*innen in ihren Re-
debeiträgen keine fundamentale inhaltliche Kritik am
Rechtsextremismus vorbrachten. Vielmehr prangerten
sie fast durchweg nur mangelnde Disziplin von manchen Rechtsaußen an – was sich faktisch immer bloß
auf einige wenige Personen anwenden ließ. Wenn das
Meuthen-Lager der Partei im Fall Kalbitz ein scharfes
Entweder-Oder anlässlich einer einzelnen Person über-
gestülpt hatte, so wagte es sich im Corona-Streit nicht

an die Feststellung grundsätzlicher Unvereinbarkeiten innerhalb der Partei heran, sondern arbeitete sich an Einzelfällen ab. Es ging also nicht ums Prinzip.

Weiter so

Damit ergab sich die Möglichkeit, dass Kompromisse mit Höckes Anhängerschaft geschlossen wurden. Ein Beispiel dafür lieferte der nordrhein-westfälische Bundestagsabgeordnete und Landeschef Rüdiger Lucassen, als er zusammen mit Höcke in Höxter auftrat. Lucassen war damals eine Leitfigur des Meuthen-Lagers. Beim Treffen mit Höcke aber redete er die inhaltlichen Unterschiede zwischen den beiden Strömungen klein: Diese seien sich »in ihrer politischen Aussagekraft viel einiger«, als es manchen klar wäre. Lucassen kritisierte zwar einzelne Aussagen oder Aktionen, etwa die Einladung der Störer*innen in den Bundestag. Abgesehen davon aber hatte er nur auszusetzen, dass »unüberlegte Provokationen« die AfD auf dem »Weg zur Macht« behinderten. Er wandte sich gegen eine falsche »Strategie«, attackierte diese aber nicht als Ausdruck inakzeptabler Ideologie. Sogar die »Diktatur«-Behauptung beurteilte er nur (kommunikations-)strategisch: »Im Osten unserer Republik würde es schneller verstanden«, sagte er, »würde man etwa von einer Diktatur der Herrschenden sprechen. Im Westen stieße es auf Ablehnung.« So fiel Lucassen dem im Osten dominanten »Flügel« nicht ins Wort, sondern wollte dieses nur an bestimmte Zielgruppen gerichtet wissen.[206]

Im Bundestag gelang es Alice Weidel im Februar, sich gegenüber Meuthens Kritik an falscher Wortwahl unangreifbar zu machen und gleichzeitig die fundamentalistischen Positionen der AfD-Rechtsaußen zu bekräftigen. An die Bundeskanzlerin gewandt sagte Weidel: »Es ist nicht das Virus oder die Pandemie, die einer ganzen Generation von Schülern und Kindern die Bildungschancen raubt. Es ist Ihre falsche Politik, die nur Verbot und Zwang zu kennen scheint.«[207] Das Wort »Pandemie« betonte sie auf eine ironisch klingende Weise. Eine explizite Leugnung war das nicht. Die bestimmten Artikel vor »Virus« und »Pandemie« signalisierten, dass beide nach Weidels Ansicht existieren. Aber klar war, dass sie die Not des Landes nicht auf die biologische Bedrohung, sondern faktisch nur auf Merkels Agieren zurückführte. Weidel redete die Pandemie ganz klein und vergrößerte das Regierungshandeln ins übermächtig Zerstörerische. So machte sie sich zur Stimme der AfD-Radikalen, die Merkel für letztlich viel gefährlicher als das Virus halten.

Weiterhin ungehindert konnten damit auch jene in der Partei agieren, die im Sinne des »Flügels« mit »Bewegungen« kooperieren wollen, mit der »demokratischen Straßenkultur«, wie Höcke sich in Höxter mit Blick auf »Querdenken« ausdrückte. Auch Gauland bezeichnete die AfD im Dezember 2020 neuerlich als »Bewegungspartei«. Sie müsse »Kontakt zu bestimmten Protestgruppen« pflegen, etwa zu »Querdenken«, Pegida oder dem (vom brandenburgischen Verfassungsschutz beobachteten) Verein »Zukunft Heimat« aus Cottbus.[208]

Ebenfalls offen blieb die Partei für die während der Pandemie entwickelte Kultur des bewussten Regelverstoßes. Eine rustikale Version vermeldeten Brandenburger Medien kurz nach Weihnachten. In Cottbus hatte in der Wohnung der AfD-Stadtverordneten Monique Buder eine Party stattgefunden, die durch ruhestörenden Lärm nach Mitternacht die Polizei auf den Plan rief. Als die Beamt*innen eintrafen, stellten sie nach den Berichten nicht nur erhebliche Verstöße gegen Corona-Regeln fest, sondern auch, dass sich Buder aggressiv verhalten habe. Sie wurde genauso in Gewahrsam genommen wie ein Gast, der einen Polizisten angegriffen, sich auf ihn gekniet und ihn gewürgt habe. An der Party teilgenommen habe auch der AfD-Landtagsabgeordnete Daniel Freiherr von Lützow, der Landesvize seiner Partei ist. Von Lützow habe bei dem Polizeieinsatz unter anderem den Zugang zu einem Raum verwehrt, auf seine militärischen Erfahrungen im Kosovo sowie sein Landtagsmandat hingewiesen und den Polizist*innen mit Konsequenzen gedroht.[209]

Verbalradikal in extremer Form zeigte sich der Bundestagsabgeordnete Martin Renner auf seiner Facebook-Seite am 5. Januar. Als am Tag vor dem Sturm aufs Kapitol Tausende von Demonstranten nach Washington strömten und sich eine Eskalation abzeichnete, schrieb Renner: »Dies irae ... Tag der Rache ...«, in Anspielung auf einen lateinischen Hymnus, der vom Jüngsten Gericht handelt. »Entweder«, so der Trump-Befürworter Renner mit Blick auf die USA, »wird hier am 6.1.2021 die westliche Demokratie, also die Freiheit, das Recht und die Ordnung, für alle Welt in die Gruft getreten – oder das Recht obsiegt – und wird ein Menetekel für alle öko-sozialistischen, globalistischen, dem Korporatismus huldigenden Staatswesen der westlichen Welt – so auch für Deutschland.« Beigefügt hatte Renner eine Tonaufnahme des »Dies-irae«-Hymnus: »die klassische musikalische Untermalung des historischen Ereignisses in den USA«. Renner ließ diesen Post auch nach dem 6. Januar stehen.[210]

Auf diese Weise entstanden in Teilen der AfD ein Geist und auch eine Praxis des Aktivismus, bei denen die Einhaltung von Recht und Ordnung nicht mehr als selbstverständlich galt. Eine Mentalität des Regelbruchs breitete sich aus. Zuvor war so etwas nur bei Aktionen der Jungen Alternative oder der »Identitären Bewegung« erkennbar. Nun aber näherten sich auch etablierte Mandats- und Amtsträger*innen der AfD dem spezifisch neurechten Rebellentum an. Denkfiguren hatte dafür im Corona-Zusammenhang schon Ende August 2020 im Vorfeld der großen Berliner Demonstration Götz Kubitschek bereitgestellt: »Vielleicht sind die Querdenker von heute autonomer und anarchistischer«, schrieb er mit Blick auf gerichtliche Auseinandersetzungen über ein Verbot der Kundgebung und zog eine Analogie zum Kampf der ukrainischen Demokratiebewegung auf dem Maidan-Platz in Kiew. »Vielleicht«, so Kubitschek weiter über die »Querdenker«, »gewinnen sie simpel vor Gericht, vielleicht kommen sie einfach so, ohne Erlaubnis, und bauen sich ihren Maidan-Platz.«[211]

Anfang Dezember beklagte Kubitschek, dass ein Teil der AfD, gemeint war offenkundig das Meuthen-Lager, nicht bereit sei, »gegen jede bürgerliche Vernunft Widerstand zu leisten«.[212] Dass hierzu aber, wie oben beschrieben, eine wachsende Zahl von AfD-Mitgliedern aus dem anderen Lager bereit war, ist bedrohlich: Eine aktionistische Widerstandsmentalität erzeugte eine neue Dynamik für all die »Diktatur«-Behauptungen und Verschwörungsmythen, die viele in der AfD proklamierten und nun auf Corona anwandten. Dies war einer der Gründe, warum das Bundesamt für Verfassungsschutz die gesamte Partei als rechtsextremen »Verdachtsfall« einstufte, was im März 2021 bekannt wurde.

BEDROHUNGEN

Hass und Anschläge

Zuerst eine gute Nachricht: Die Pandemie hat in Deutschland zu einem Rückgang der Kriminalität geführt. Das liegt schlicht daran, dass sich das Leben vieler Menschen veränderte. Sie blieben zu Hause. Das machte Einbrüche schwieriger. Strafverfolgungsbehörden sprechen von »verringerten Tatgelegenheiten«. Doch gab es auch gegenläufige Entwicklungen. Zu denen gehörte nicht nur, dass sich ein Teil der Kriminalität noch stärker ins Internet verlagerte. Vielmehr kamen Taten von Verschwörungsideolog*innen hinzu.

Im Frühjahr 2020 kursierte im Internet ein siebenminütiges Video, in dem ein Mann zu sehen ist, wie er mit einem Bolzenschneider Kabel eines Funkmastes durchtrennt. Er lasse sich »davon« nicht »kaputt machen«, sagte er und rief dazu auf, es ihm gleichzutun. Im Netz bejubelten ihn manche: »Es gibt noch echte Helden! Gefährlicher Funkmast außer Betrieb gesetzt! Respekt!«, schrieb eine Userin in einer Telegram-Gruppe.[213] Laut der zuständigen Polizei in Wilhelmshaven handelte es sich um einen »offenbar psychisch kranken Tatverdächtigen«, der bereits zwei Wochen zuvor einen Molotowcocktail im Bereich eines Mastes entzündet habe. »Psychisch krank« – das war lange Zeit das Label für Verschwörungsideolog*innen. Es fragt sich, ob das zuweilen eine Verharmlosung war, weil politische Motive damit potenziell ausgeblendet wurden.

Sendemasten brannten nicht nur hierzulande, sondern auch in den Niederlanden oder Großbritannien. Es gibt Verschwörungsmythen, in denen der Mobilfunkstandard 5G für die Verbreitung von Corona verantwortlich gemacht wird.

In den Niederlanden kam es zu mehreren Anschlägen auf Corona-Testzentren. In Berlin flog ein Brandsatz auf das Robert Koch-Institut, und ein selbstgebauter Sprengsatz zündete vor Räumen der Leibniz-Gemeinschaft. Nicht nur Wissenschaftler*innen, sondern auch Politiker*innen und Journalist*innen wurden überschüttet mit Beleidigungen bis hin zu Morddrohungen. Im Kampf gegen sie war manchem jedes Mittel recht, weil ihnen unterstellt wurde, zur Erreichung geheimer Absichten zu lügen oder sonst wie zu manipulieren. Verständnis für Drohungen äußerte etwa ein prominenter Fundamentalkritiker der Regierungspolitik. Der Ökonom Stefan Homburg, der schon früh auf »Querdenken«-Demonstrationen auftrat, mokierte sich im Februar 2021 auf Twitter darüber, dass der SPD-Gesundheitsexperte Karl Lauterbach und die Virologin Melanie Brinkmann öffentlich gemacht hatten, wie aggressiv sie angefeindet wurden. Beide seien »zentrale Treiber der Laborpandemie«, schrieb Homburg, und würden jetzt »jammern über Drohungen«. Und weiter: »Faktenfreie Panikmache erzeugt Hass bei den Opfern, klar.«[214]

Weil im nordrhein-westfälischen Dormagen die Aggressivität bei der Verweigerung von Schutzmaßnahmen stetig wuchs, wurden die Streifendienste der Polizei dort auf drei Personen aufgestockt. Der Bürgermeister Erik Lierenfeld (SPD) geriet ins Visier von Maskengegner*innen, weil er in einem Video davor warnte, dass »Querdenken«-Gruppen vor Schulen

Jugendliche und ihre Eltern gegen die Maskenpflicht indoktrinieren wollten. Lierenfeld erhielt daraufhin Hass-E-Mails und Morddrohungen.[215]

Warnungen

Deutschlandweit wurden laut einem Lagebild des Bundeskriminalamts (BKA) vom Herbst 2020 »vermehrt verbale oder körperliche Angriffe« auf Polizeibeamt*innen registriert, die die Schutzmaßnahmen überwachten. Potenziell gefährdet seien auch Impfzentren sowie Gebäude, in denen Impfstoffe produziert oder gelagert würden. Die Lage werde »intensiv beobachtet« und »fortlaufend überprüft«. Ein entsprechender Austausch, zum Beispiel mit Betreiber*innen von Impfzentren, finde statt.

Seit Beginn der Pandemie haben sich Sicherheitsbehörden die Frage gestellt, ob aus Teilen der Protestbewegung militante Gruppen entstehen könnten. »In der sogenannten ›Querdenker‹-Bewegung oder zumindest in den Veranstaltungen, die von dort organisiert werden, treten auch Extremisten, Reichsbürger, Selbstverwalter und weitere Personen mit verfassungsfeindlicher Einstellung in Erscheinung«, analysierte das Bundesamt für Verfassungsschutz im Dezember. Die Heterogenität der Szene macht es den Behörden dabei schwer, potenzielle Extremist*innen rechtzeitig zu erkennen. Auch dass sich unorganisierte und bis dahin unbemerkte Einzelpersonen zu Aktionen motiviert fühlen können, stellt die Sicherheitsbehörden vor Probleme.

Generell sei die »öffentliche Auseinandersetzung über die Schutzmaßnahmen zunehmend aggressiver«

geworden, heißt es in einem gemeinsamen Lagebild des Bundesinnen- und des Bundesgesundheitsministeriums vom Januar 2021. Der Szene werden darin stetig voranschreitende »Radikalisierungstendenzen« bescheinigt. Ein »erhöhtes Eskalationspotenzial« bestehe besonders bei großen Versammlungen. Was dort bislang zu sehen war – geringe Akzeptanz polizeilicher Maßnahmen sowie erhebliche Ausschreitungen und Angriffe auf Polizeikräfte –, lasse auf eine »Steigerung in der Bereitschaft zur Gewaltanwendung« schließen. Es stehe »zu befürchten, dass sich diese Entwicklung zumindest bei einzelnen Personen weiter fortsetzt«. Inoffiziell wird der Bewegung ein rasantes Wachstum bescheinigt. Besonders bedrohlich sei dies deshalb, weil sie sich so wenig von der rechtsextremen Szene abgrenzt.

Bundesinnenminister Horst Seehofer (CSU) bezeichnete im Sommer 2020 den Rechtsextremismus als »größte Bedrohung der Sicherheit« in Deutschland. Mindestens 13 Menschen wurden seit 2019 insgesamt ermordet. Der Mörder von Walter Lübcke war ein ausgewiesener Rechtsextremist, die rassistisch motivierten Attentäter von Halle und Hanau fühlten sich zu ihren Taten offenbar auch durch Verschwörungsmythen im Internet motiviert.

Die rechtsextreme Szene in Deutschland wächst seit Jahren. Die Zahl der Menschen im gesamten Spektrum bezifferte Verfassungsschutzpräsident Thomas Haldenwang 2020 auf mehr als 32 000. Über 40 Prozent gelten als gewaltbereit. Nach Meinung von Bayerns Ministerpräsident Markus Söder besteht die Gefahr, dass sich aus dem Umfeld der AfD heraus »ein Corona-Mob oder eine Art Corona-RAF bilden könnte«. Was er damit meinte, ließ sich dem entnehmen, was der bayerische

Verfassungsschutzchef Burkhard Körner wenige Tage
später sagte: Man könne der AfD zwar nicht vorwerfen,
dass Mitglieder mit dem »ständigen Infragestellen der
Corona-Maßnahmen terroristische Aktionen befürwor-
ten oder befördern«. Aber die Dynamik, die die Partei
auslöse, führe dazu, dass »Staatsverdrossenheit bis hin
zu Staatshass zunimmt«. Auf diese Gefahr habe Söder
hingewiesen.

Vor »Querdenken« hatte Beate Bube, Präsidentin des
baden-württembergischen Verfassungsschutzes, schon
wenige Wochen zuvor gewarnt, als sie die Beobachtung
von Teilen dieser Gruppe durch ihre Behörde öffentlich
machte. Bei den Organisator*innen in ihrem Bundesland sehe sie personelle wie ideologische Überschneidungen mit bereits bekannten Extremist*innen. Gezielt
würden »verschwörungsideologische und antisemitische Inhalte mit einer legitimen Kritik an den staatlichen Maßnahmen zur Eindämmung der Corona-Pan-
demie vermischt«. Bubes Chef, Innenminister Thomas
Strobl, stellte »seit Beginn des Protestgeschehens bei
den zentralen Akteuren der ›Querdenker‹ eine zuneh-
mende Diffamierung staatlichen Handelns fest, die immer wieder in abwegigen Vergleichen mit der Diktatur
des Nationalsozialismus und einer Verharmlosung des
Holocaust gipfelt«. Mit falschen Behauptungen werde
gezielt Hass auf den Staat geschürt. Das sei demokra-
tiefeindlich. Bube nannte in diesem Zusammenhang
auch die »staatsfeindliche« Verschwörungsideologie
QAnon, deren Codes bei Kundgebungen präsent seien
und sich auch in Äußerungen des Führungspersonals
fänden. »Extremistische Verschwörungsmythen können der Nährboden für Gewalthandlungen sein – etwa,
wenn zum Widerstand gegen vermeintliches Unrecht
aufgerufen wird«, sagte sie. Das sei »hochgefährlich«.[216]

Auch der bayerische Verfassungsschutz beobachtet Teile der Bewegung. Offen dafür zeigt sich Stephan Kramer, Präsident des Thüringer Verfassungsschutzes. Bei den »Querdenkern« lägen Anhaltspunkte vor, um »zumindest zu einem Verdachtsfall zu gelangen«.

Seit Dezember prüft eine Arbeitsgruppe im Bundesamt für Verfassungsschutz, wie Verschwörungsideologien verbreitet werden und wie dieses Phänomen zu bewerten ist. Brandenburgs Verfassungsschutzchef Jörg Müller hielt es schon im Sommer für möglich, dass von einer »verfassungsschutzrelevanten Verschwörungsbestrebung« gesprochen werden könnte.

Allerdings ist verwunderlich, dass selbst die Antisemit*innen der QAnon-Bewegung ein Jahr nach ihrem sichtbaren Aufkommen in Deutschland noch immer nicht beobachtet werden. Der Hamburger Verfassungsschutzchef Torsten Voß befand die Grundstruktur von QAnon gerade wegen der antisemitischen Argumentationsmuster für »sicherlich verfassungsschutzrelevant«. Ein Problem dabei ist, dass QAnon sehr diffuse Strukturen hat, sodass es den Behörden schwerfällt, konkrete Gruppen zu identifizieren. Ähnlich kompliziert ist es bei einer anderen Szene, in der auch Gewalttaten keinesfalls auszuschließen sind.

Warten auf »Tag X«

Schon Ende Januar 2020, als Corona noch weit weg zu sein schien, diskutierten ein paar Leute in einem Chat auf Telegram über mögliche Folgen einer Ausbreitung des Virus. Mit Blick darauf schrieb ein User: »So ein kleiner Bürgerkrieg am Rande wär doch eine schöne

Sache.« Er und andere wetterten gegen Angela Merkel, die Europäische Zentralbank, »Antifawichser« und »Bullen«.

Es war nicht das einzige Mal, dass in dieser Telegram-Gruppe von einem Bürgerkrieg fantasiert wurde. In der eindeutig rassistisch geprägten Gruppe, in der schon zuvor aus anderen Anlässen über einen »kommenden Bürgerkrieg« fantasiert worden war, kursierte ein Handbuch »Vorbereitung auf den ›Tag X‹ – Der Zusammenbruch der öffentlichen Ordnung«. Bis heute wird es in extremistischen Gruppen rege geteilt. Darin gibt es eine Liste mit »sinnvollen Gegenständen«. Genannt werden »Gewehre und Pistolen aller Art«, »Armbrust und Bogen« sowie Handschellen, Tarn-Uniformen und Helme.[217]

Anfang April begannen sich die Aufruhrfantasien gegen die Schutzmaßnahmen und den Lockdown zu richten. Wenn die Regierung die Ausgangsbeschränkungen nicht aufhebe, so schrieb jemand in der Gruppe, komme es zu »bürgerkriegsähnlichen Aufständen, in jedem Umkreis jeder Moschee im gesamten Bundesgebiet und damit einhergehend zehntausende Tote und Schwerverletzte«. Keines der rund 400 Chatgruppen-Mitglieder widersprach. Die meisten von ihnen verstehen sich als Prepper.

Das sind Menschen, die sich für Katastrophen rüsten. Peter Tauber (CDU), Staatssekretär im Verteidigungsministerium, sagte einmal mit Blick auf Prepper, auch seine Oma habe Gläser mit Marmelade und andere Konserven im Keller. In der Tat empfiehlt das Bundesamt für Bevölkerungsschutz und Katastrophenhilfe den Deutschen, sich Vorräte anzulegen, um »zehn Tage ohne Einkaufen überstehen zu können«. Dennoch war Taubers Aussage in Bezug auf Prepper eine Verharmlosung. Unter ihnen gibt es nicht wenige, die sich auf den Zusammenbruch des Staates vorbereiten, ihn herbeisehnen und zum Teil sogar aktiv herbeiführen wollen. Sie sehen die erwartete Krise als Chance, um die Herrschaft mit Gewalt an sich zu reißen.

Der bekannteste Prepper der letzten Jahre ist vermutlich Franco A. Der rechtsextreme Bundeswehroffizier war im Frühjahr 2017 am Wiener Flughafen mit einer Waffe festgenommen worden, die er dort in einem Putzschacht versteckt haben soll. Der Generalbundesanwalt beschuldigt ihn bis heute, unter einer Tarnidentität als syrischer Flüchtling einen Anschlag geplant zu haben. Bei ihren Ermittlungen stießen die Beamt*innen auf große Mengen Munition und Waffen, teils aus Bundeswehrbeständen.

Früher hatten rechtsextreme Prepper die angebliche Massenmigration für den erhofften Auslöser eines Bürgerkriegs gehalten. 2020 aber meinten sie festzustellen, dass eine Pandemie noch besser für Szenarien eines Umsturzes geeignet sei, bei dem dann aber ebenfalls unter anderem gegen Migrant*innen gekämpft werden müsse. Anfang April berichtete das *Redaktionsnetzwerk Deutschland*, Prepper in mehreren Bundesländern hätten bereits Waffen und Munition für einen »Tag X« aus ihren Verstecken geholt.[218]

Zu befürchten ist, dass sich mit der Dauer der Pandemie und der fortbestehenden Schutzmaßnahmen Rechtsextremist*innen, die Reichsbürgerszene und speziell Prepper immer mehr in ihren Hass hineinsteigern. Die Krise könne für Teile der Szene »wie die Blaupause für einen oft beschworenen ›Tag X‹ wirken«, sagte schon im April der FDP-Innenexperte Benjamin Strasser. In »radikalen Prepperzirkeln und Extremisten-Chatgruppen« wie dem Nordkreuz-Komplex hatte man so ein Szenario schon in früheren Jahren unabhängig von einer Pandemie durchgespielt.

Die sogenannte Nordkreuz-Gruppe war eine Vereinigung von Rechtsextremist*innen in Mecklenburg-Vorpommern. Auch sie sahen sich als Prepper. Einige von ihnen sollen konkret geplant haben, politische Gegner*innen in einem Tag-X-Szenario zu töten. Auf einer ihrer Einkaufslisten standen auch Ätzkalk und 200 Leichensäcke. Die Gruppe hatte mehr als 50 Mitglieder, manche von ihnen waren im Staatsdienst und hatten Zugang zu Waffen. Ein Mitglied wurde bislang verurteilt, die Ermittlungen der Bundesanwaltschaft laufen noch.

Auch wegen der Erfahrungen mit dieser Gruppe zeigte sich der Verfassungsschutz in Mecklenburg-Vorpommern in der Pandemie besonders besorgt. Das Amt sprach im Frühjahr 2020 von einer »angespannten Lage«. Rechtsextremist*innen würden zu »Vorsorgeaktivitäten« aufrufen. »Beunruhigend ist das Zeichnen von Untergangsszenarien, die mit Vorstellungen eines radikalen Wandels von Staat und Gesellschaft im Sinne der eigenen Ideologie verbunden werden«, hieß es in der Behörde. Die Szene glaube, »dass sie mit ihren extremistischen Positionen aktuell Zustimmung in einer durchaus verunsicherten Bevölkerung erzeugen kann«. Ähnlich äußerte sich der Thüringer Verfassungsschutzpräsident Stephan Kramer: »Einige Prepper fühlen sich durch ein ›Weltuntergangsszenario‹ bestätigt, andere schmieden Pläne für die Zeit nach der Krise.«

Lange war die Vorbereitung auf den vermeintlichen »Tag X« selbst unter Rechtsextremen nur Thema einiger Sonderlinge. Mit der Corona-Krise scheint sich die Stimmung in der Szene aber zu wandeln. Auch Attila Hildmann beteiligt sich an derlei Assoziationen. Das

»Gelaber« werde »wohl spätestens dann beendet sein, wenn auch die Gäste, die Deutschland über all die Jahre aufnahm, nichts mehr zu essen haben!«, schrieb Hildmann Anfang Februar 2021. Dann würde der Bürgerkrieg beginnen, »und wenn der Deutsche sich nicht vorbereitet, wird er einfach überrannt – einfach so«. Die meisten Zugewanderten wüssten, so Hildmann, »was echter Bürgerkrieg ist«, und würden »dann sicher Wege finden, sich zu wehren und zu versorgen«.[219]

Wie sehr sich solches Denken während der Pandemie ausgebreitet hat, lässt sich daran erkennen, dass nun auch Publikationen des rechtsradikalen Mainstreams wie *PI News* oder die Website des *Kopp*-Verlages anerkennend über Prepper berichten. Auch die NPD versucht das Thema zu besetzen. So reiste das Bundesvorstandsmitglied Sebastian Schmidtke eine Zeit lang mit einem Vortrag zum Thema Krisenvorsorge durch die Republik. In einem Shop, der die gleiche Adresse wie die Landeszentrale der NPD in Berlin hat, vertreibt Schmidtke neben T-Shirts mit der Aufschrift »Prepping is not a crime« auch Armbrüste, Macheten und Messer.

Angesichts solcher Entwicklungen fragt sich ähnlich wie bei QAnon, warum die Sicherheitsbehörden im Bund und in den meisten Ländern vergleichsweise zurückhaltend reagieren, wenn sie nach konkreten Maßnahmen gegen Prepper gefragt werden. Es dürfte zu wenig sein, in diesem Milieu im Wesentlichen nur die Kriminalämter auf die schon begangenen Taten anzusetzen und nicht schon im Vorfeld die ideologischen Vernetzungen und organisatorischen Strukturen zu beobachten.

Der Schock

Als wäre Corona mit Zehntausenden Toten und den grundsätzlich unumgänglichen Eindämmungsmaßnahmen nicht schon schrecklich genug, wurden die Bürger*innen auch noch mit extremistischer Propaganda, Hassreden und Verschwörungsideologien konfrontiert. Das erste Pandemiejahr war für die Deutschen nicht zuletzt in dieser Hinsicht ein Schock: Kaum jemand hatte damit gerechnet, dass naturwissenschaftliche Fakten so aggressiv geleugnet und demokratische Institutionen mit solcher Wut attackiert werden könnten. Und dass Demokratiefeind*innen mit solchem Selbstbewusstsein in die Öffentlichkeit treten würden. Es handelt sich nur um eine Minderheit und wird wohl eine bleiben, doch ist sie hochgefährlich. Sie nutzt die Krise, um antisemitische Vorurteile zu verbreiten, Journalist*innen, Forscher*innen und demokratisch gewählte Politiker*innen zu bedrohen und – mal durch Übergriffe auf der Straße, mal durch Hetze – verfassungsfeindliche Positionen Raum greifen zu lassen.

Eine besondere Gefahr geht vom sektenähnlichen Kult QAnon aus, der letztlich darauf hinausläuft, dass eine Revolution gegen die angeblich völlig verderbten Eliten unumgänglich sei. Reichsbürger mit ihren Mythen von der Illegitimität der bundesdeutschen Ordnung fanden ganz neuen Rückhalt bei Demonstrierenden, die in großer Zahl den Staat verachten und für ein bloßes Instrument zur Durchsetzung von Hintermänner-Interessen halten. Diese offensive, ganz und gar selbstgerechte Ablehnung der Institutionen des Gemeinwesens gehört zu den erschreckendsten Phänomenen des ersten Pandemiejahres und kann sich zu einer fundamentalen Bedrohung für unsere Demokratie auswachsen. Schon jetzt hat sie weite Teile einer Demonstrationsbewegung erfasst, in der viele offensichtlich keine Probleme mit der Anwesenheit von Verfassungsfeind*innen haben und muntere Happenings daraus machen, sich über alle Regeln des Infektionsschutzes und damit der Rücksichtnahme auf andere Menschen einfach hinwegzusetzen. Kaum für möglich hätte man vor der Pandemie auch gehalten, dass so viele Menschen denken, Naturwissenschaftler*innen hätten nichts anderes im Sinn, als ganze Bevölkerungen einzusperren, zu betrügen und mit Impfexperimenten die Kassen der Pharmaindustrie zu füllen. Darüber hinaus steigt die Gefahr durch Gruppen, die von bewaffneten Volksaufständen träumen oder sich durch Verschwörungsideologien zu Anschlägen aufstacheln lassen. Immerhin denkbar ist außerdem, dass militante Zellen gegründet werden, die dauerhaft aktiv bleiben. Schon jetzt mussten die Sicherheitsmaßnahmen für deutsche Parlamente verschärft werden. Über Corona zu reden, wird bis auf Weiteres immer auch bedeuten, über diese Bedrohungen zu reden.

Zu berücksichtigen ist ebenfalls, dass ausländische Mächte versuchen können, durch Desinformation sowie das Lancieren von Verschwörungsmythen westliche Demokratien zu destabilisieren. Schon im Frühjahr 2020 wurde in einem EU-Papier vermerkt, dass Russland eine »bedeutende Desinformationskampagne« gegen den Westen gestartet habe. Es wolle »Panik erzeugen«, »Misstrauen säen« und »die Auswirkungen des Coronavirus verschlimmern«. Nach Einschätzung des Bundesamtes für Verfassungsschutz dienen solche Aktivitäten »der Beschädigung beziehungsweise Schwächung des Ansehens und der Funktionsfähigkeit demokratischer Institutionen«.

Multiplikator für rechtsradikale Mythen, Verdächtigungen und Delegitimierungskampagnen im Corona-Kontext ist die AfD. Die Partei pflegt Verschwörungsnarrative über angebliche Finanzinteressen hinter den Lockdown-Maßnahmen oder über Wissenschaftler*innen, die instrumentalisiert würden. Impfstoffe werden ins Blaue hinein mit argwöhnischen Mutmaßungen überzogen. Inflationär wird behauptet, mit den Schutzmaßnahmen hätten sich diktatorische Verhältnisse etabliert. Weil die Partei dies oft unter dem Deckmantel einer pseudo-sachlichen Fachpolitik vorträgt, besteht zumindest die Gefahr, dass sich dadurch das ohnehin stark verunsicherte politische Spektrum rechts der Mitte noch weiter erregen lässt.

Das könnte zum Verlust wichtiger Unterscheidungen führen. Etwa, worüber man eigentlich diskutiert: über die jeweilige Angemessenheit konkreter staatlicher Schutzmaßnahmen in einer objektiv gegebenen Pandemie? Oder darüber, ob die Corona-Bedrohung völlig übertrieben wird? Ein anderes Beispiel: Will man über einzelne Entscheidungen einzelner Politiker*innen diskutieren? Oder darüber, ob globale Eliten die Virusangst für angebliche Gesellschaftsexperimente nutzen und dafür die Wissenschaft missbrauchen?

Diejenigen, die Letzteres im Sinn haben, pflegen zu behaupten, die Gesellschaft habe sich in der Pandemie gespalten. Tatsächlich aber sind sie es, die sich abgespalten haben. In der großen Mehrheit besteht – bisher – Konsens darüber, dass Corona eine reale, große Gefahr für alle darstellt. Wie man dieser Gefahr dann konkret am besten begegnet, darf und muss natürlich Gegenstand politischen Streits sein. Kontroversen sind dabei wünschenswert, haben aber nichts mit einer Spaltung der Gesellschaft zu tun, sondern sind ein Wesensmerkmal der lebendigen Demokratie. Diese Kontroversen zu führen und zugleich allen Verschwörungsmythen und »Diktatur«- oder »Panikmache«-Behauptungen eine Absage zu erteilen, ist eine der wichtigsten Aufgaben im Jahr der Bundestagswahl.

Chronik

9. Januar 2020: China meldet, dass eine sich rasant ausbreitende Lungenerkrankung auf ein neuartiges Coronavirus zurückgeht.

27. Januar: In Deutschland wird die erste Infektion nachgewiesen.

30. Januar: Die WHO stellt eine »gesundheitliche Notlage von internationaler Tragweite« fest.

19. Februar: In Hanau ermordet ein rechtsextremistisch motivierter Mann zehn Menschen und tötet sich selbst.

13. März: In Deutschland beginnen Schulschließungen.

16. März: Die Bundesregierung verhängt Einreiseverbote an einigen Grenzen.

22. März: Bund und Länder beschließen den ersten Lockdown.

27. März: Der Bundestag stellt eine »epidemische Lage von nationaler Tragweite« fest und beschließt das erste von zahlreichen weiteren Maßnahmenpaketen.

28. März: In Berlin findet eine erste »Hygienedemo« mit 40 Teilnehmer*innen gegen die Corona-Schutzmaßnahmen statt.

6. April: In Deutschland steigt die Gesamtzahl aller bisher Infizierten laut Johns-Hopkins-Universität auf 100 000.

18. April: In Stuttgart organisiert Michael Ballweg eine erste Protestdemonstration mit 50 Teilnehmer*innen auf dem Schlossplatz.

20. April: In Deutschland treten Lockerungen der Corona-Schutzmaßnahmen in Kraft.

29. April: Die Unternehmen Biontech und Pfizer beginnen mit der Erprobung eines Corona-Impfstoffs an Menschen.

Ende April / Anfang Mai: In zahlreichen Städten finden Protestdemonstrationen gegen die Schutzmaßnahmen mit starker Präsenz rechtsradikaler Gruppen statt.

15. Mai: Der AfD-Bundesvorstand hebt die Parteimitgliedschaft des Brandenburger Landesvorsitzenden Andreas Kalbitz auf.

19. Mai: Die Zahl neuer Coronavirus-Infektionen sowie von Todesfällen geht in Deutschland weiter zurück und bleibt in den Folgemonaten niedrig. Beschränkungen werden gelockert.

16. Juni: Nach langen Debatten startet die Corona-Warn-App.

1. August: Erstmals seit Mai werden in Deutschland mehr als 1000 Neuinfektionen pro Tag registriert. In Berlin demonstrieren etwa 30 000 Menschen gegen die Politik der Bundesregierung in der Pandemie. Viele Teilnehmer*innen missachten Hygieneauflagen.

29. August: Am Abend einer weiteren Demonstration gegen die Eindämmungsmaßnahmen besetzen Hunderte Teilnehmer*innen die Treppen des Reichstagsgebäudes.

28. Oktober: Bund und Länder beschließen wegen stark steigender Infektionszahlen (»zweite Welle«) einen Teil-Lockdown. Die Gastronomie- und Tourismusbranche sowie Kultureinrichtungen müssen schließen. Schulen und Kitas sollen offen bleiben, werden aber in den Folgewochen ebenfalls weitestgehend geschlossen.

7. November: Bei einer Demonstration gegen die Schutzmaßnahmen in Leipzig kommt es zu schweren Ausschreitungen.

18. November: Als der Bundestag eine Novelle des Infektionsschutzgesetzes beschließt, laden AfD-Abgeordnete Personen ein, die sich in Parlamentsgebäuden als Störer*innen betätigen.

28./29. November: Beim AfD-Bundesparteitag kritisiert Parteichef Jörg Meuthen die Radikalisierung von Teilen der AfD während der Pandemie scharf. Darüber entbrennt heftiger Streit.

18. Dezember: Bundesgesundheitsminister Jens Spahn (CDU) stellt die Verordnung zum Corona-Impfplan vor. In den Folgemonaten kommt es zu erheblichen Verzögerungen bei den Impfungen.

1. Januar 2021: Weltweit sind bisher 1 828 000 Menschen nach einer Covid-19-Erkrankung gestorben.

6. Januar: Als in den USA Wahlsieger Joe Biden zum neuen Präsidenten erklärt werden soll, stürmen Anhänger*innen des abgewählten Donald Trump das Kapitol in Washington.

3. März: Bund und Länder beschließen die Fortsetzung des Lockdowns bis mindestens zum Ende des Monats, wobei je nach regionaler Inzidenzlage Lockerungen möglich sein sollen. Laut Umfragen sinkt die Zustimmung der Bevölkerung zur Corona-Politik rapide.

13. März: In Deutschland sind seit Beginn der Pandemie 73 301 Menschen nach einer Covid-19-Erkrankung gestorben.
    Bei Demonstrationen gegen die Schutzmaßnahmen werden in Dresden mehrere Polizist*innen angegriffen. Zu ähnlichen Vorfällen kommt es eine Woche später in Kassel.
    Die Infektionszahlen steigen wieder.

15. März: Die Verimpfung des AstraZeneca-Vakzins wird ausgesetzt.

19. März: Die Verimpfung des AstraZeneca-Vakzins wird wieder aufgenommen, nachdem die Europäische Arzneimittelbehörde den Wirkstoff für sicher erklärt hat.

Anmerkungen

1 Tagesspiegel: https://tinyurl.com/xe6hr8

2 Youtube: https://tinyurl.com/46h6evjx

3 Twitter: https://tinyurl.com/ynrc4ed6

4 Tagesspiegel: https://tinyurl.com/5ss35ucs

5 Telegram: https://tinyurl.com/mtv4d6nd

6 Mindener Tageblatt: https://tinyurl.com/6xkwpuxm

7 RND: https://tinyurl.com/rj8fhuye

8 RND: https://tinyurl.com/w7uadyyu

9 Business Insider: https://tinyurl.com/w86afave

10 Welt: https://tinyurl.com/3huks5v6

11 Correctiv: https://tinyurl.com/ra6aujy7

12 NDR: https://tinyurl.com/eubxh7sr

13 MPG: https://tinyurl.com/3ev8tekc

14 Welt: https://tinyurl.com/82sxwvjp

15 Süddeutsche Zeitung: https://tinyurl.com/s4ryvkau

16 Uni Konstanz: https://tinyurl.com/zjrw5nca

17 SocArXiv: https://tinyurl.com/z3e724zu

18 NY Times: https://tinyurl.com/yvc99bh3

19 Correctiv: https://tinyurl.com/22et8zwv

20 Augsburger Allgemeine: https://tinyurl.com/27vsddy3

21 Mimikama: https://tinyurl.com/e523rz3e

22 Telegram: https://tinyurl.com/rzatk9hc

23 Welt: https://tinyurl.com/3ca9nzsn

24 Telegram: https://tinyurl.com/644cez69

25 Süddeutsche Zeitung: https://tinyurl.com/av62d35j

26 Heinrich Böll Stiftung: https://tinyurl.com/559umcm4

27 AfD-Fraktion Sachsen-Anhalt: https://tinyurl.com/p69ncnnr

28 Konrad Adenauer Stiftung: https://tinyurl.com/erurb62v

29 Welt: https://tinyurl.com/ynm8u5zs

30 EF-online: https://tinyurl.com/3pjvd7cb

31 AfD Leipzig: https://tinyurl.com/57hexhzh

32 FAZ: https://tinyurl.com/94u3rs2y

33 Welt: https://tinyurl.com/me6mbc2x

34 Zit. nach: »Höcke«. Interviews, Reden, Tabubrüche. Compact-Edition 2019, S. 97

35 Ebd., S. 27
36 Ebd., S. 109
37 Youtube: https://tinyurl.com/48zskkfs
38 AfD: https://tinyurl.com/y2bfbyyj
39 Youtube: https://tinyurl.com/kcxbcwbx
40 Presseportal: https://tinyurl.com/bnvet3ju
41 Youtube: https://tinyurl.com/4cpcpvx5
42 A. a. O.
43 MDR: https://tinyurl.com/bu8babpk
44 »Höcke«, a. a. O., S. 13
45 Youtube: https://tinyurl.com/cet7ched
46 Meedia: https://tinyurl.com/84scvmx4
47 Welt: https://tinyurl.com/4v88ds98
48 AfD Kompakt: https://tinyurl.com/b9bcat3x
49 AfD: https://tinyurl.com/jssht2n3
50 Facebook: https://tinyurl.com/keacmfc8
51 Youtube: https://tinyurl.com/ue4e7y43
52 AfD Baden-Württemberg https://tinyurl.com/2ryunatz
53 Netzpolitik: https://tinyurl.com/3wrajfp2
54 FAZ: https://tinyurl.com/9rzcrf6a
55 AfD Bremerhaven: https://tinyurl.com/74zv4epc
56 Youtube: https://tinyurl.com/2u2hsweb
57 Youtube: https://tinyurl.com/57a5hhd2
58 Youtube: https://tinyurl.com/smb534bd
59 Rubikon: https://tinyurl.com/3phzztd8
60 Youtube: https://tinyurl.com/29rmc259
61 Tagesschau: https://tinyurl.com/yzu2rp2z
62 Compact: https://tinyurl.com/j8paayks
63 Compact: https://tinyurl.com/uhfy97bk
64 Compact: https://tinyurl.com/yjkatwat
65 Welt: https://tinyurl.com/5e3xeja8
66 Verfassungsschutz: https://tinyurl.com/d9k8fkmv
67 taz: https://tinyurl.com/r929patj
68 Ruhrbarone: https://tinyurl.com/9cjcbvkc
69 Counter Extremism: https://tinyurl.com/y44hd4f9
70 Twitter: https://tinyurl.com/2xw6k38a
71 Zeit: https://tinyurl.com/4ztj52uh
72 PR Newswire: https://tinyurl.com/2btedaef
73 Forbes: https://tinyurl.com/5ame56dc
74 Media Matters: https://tinyurl.com/yv2jjjfc

75 Zeit: https://tinyurl.com/4ynjmpnu
76 Spiegel: https://tinyurl.com/yn5kw4rb
77 The Hill: https://tinyurl.com/24trsewj
78 Welt: https://tinyurl.com/3zn9ftcu
79 Welt: https://tinyurl.com/rntz5rkv
80 NY Times: https://tinyurl.com/6ev88ema
81 ISD: https://tinyurl.com/46nv49bd
82 Welt: https://tinyurl.com/jy9dnv76
83 Wall Street Journal: https://tinyurl.com/3waw8ye9
84 ISD: https://tinyurl.com/46nv49bd
85 Querdenken 7171: https://tinyurl.com/3urese57
86 Zeit: https://tinyurl.com/2pp9pmtb
87 NZZ: https://tinyurl.com/bz96ze53
88 ZEW: https://tinyurl.com/975rybxd
89 Querdenken 711: https://tinyurl.com/46a766rh
90 RND: https://tinyurl.com/y48vdc4r
91 Spiegel: https://tinyurl.com/39rfjzc3
92 Netzpolitik: https://tinyurl.com/3fj4y5x2
93 Odysee: https://tinyurl.com/sd3d5yep
94 Uni Konstanz: https://tinyurl.com/3ppu974z
95 Uni Konstanz: https://tinyurl.com/zjrw5nca
96 Welt: https://tinyurl.com/48f4b55f
97 AfD-Fraktion: https://tinyurl.com/yc7emnzu
98 Sven Reichardt: Authentizität und Gemeinschaft. Links-
    alternatives Leben in den siebziger und frühen achtziger
    Jahren. Frankfurt/Main: Suhrkamp, 2014. S. 823 f.
99 Welt: https://tinyurl.com/w9y9xc
100 Welt: https://tinyurl.com/uk2sk489
101 Welt: https://tinyurl.com/p827p6d6
102 Welt: https://tinyurl.com/camwwjpm
103 Tagesspiegel: https://tinyurl.com/42dm6pyt
104 AfD: https://tinyurl.com/4py7cz58
105 Youtube: https://tinyurl.com/4zhtrmwe
106 AfD-Kompakt: https://tinyurl.com/vaf9knbw
107 Presseportal: https://tinyurl.com/r8ar6keb
108 Facebook: https://tinyurl.com/888s4hmy
109 Facebook: https://tinyurl.com/nz6wrfrw
110 Bundestag: https://tinyurl.com/avweutss
111 Uni Konstanz: https://tinyurl.com/ywy6txpd
112 Rapunzel https://tinyurl.com/zhjz5rez

113 Spiegel: https://tinyurl.com/cttxnfyr

114 Spiegel: https://tinyurl.com/yh5w262e

115 Presseportal: https://tinyurl.com/t49xnx38

116 Presseportal: https://tinyurl.com/mj7awnmf

117 AfD SH: https://tinyurl.com/2urz4y79

118 Welt: https://tinyurl.com/e8r4pfsw

119 Bundestag: https://tinyurl.com/vrzysrmr

120 Katholische Nachrichten: https://tinyurl.com/c56k6kpj

121 AfD: https://tinyurl.com/2ta546ek

122 Heinrich Böll Stiftung: https://tinyurl.com/559umcm4

123 Der Standard: https://tinyurl.com/3hzctt5n

124 Germanische Heilkunde: https://tinyurl.com/4zjkkam5

125 Tobias Ginsburg: Die Reise ins Reich. Unter Reichsbürgern. Berlin: Das Neue Berlin 2018, S. 102 f.

126 Silvio Duwe: »Anastasia – ein völkisch-esoterischer Siedlungskult«. In: Matthias Pöhlmann (Hg.): Verborgene Wahrheit? Verschwörungsdenken und Weltanschauungsextremismus. Berlin: Evangelische Zentralstelle für Weltanschauungsfragen, 2020, S. 53–61

127 Bundestag: https://tinyurl.com/phmshhw8

128 Verfassungsschutz Baden-Württemberg: https://tinyurl.com/57bjjn3r

129 Sezession: https://tinyurl.com/n8awkhx2

130 AfD-Kompakt: https://tinyurl.com/37w526zb

131 Deutschland-Kurier: https://tinyurl.com/3mk7c4bf

132 Tagesschau: https://tinyurl.com/csddeefj

133 Welt: https://tinyurl.com/4bs7493r

134 Verfassungsschutzberichte: https://tinyurl.com/k57hmets

135 Verfassungsschutz Baden-Württemberg: https://tinyurl.com/2fa3thsd

136 Correctiv: https://tinyurl.com/ncsk75x3

137 Twitter: https://tinyurl.com/wetc2f7w

138 taz: https://tinyurl.com/3ewvxmfb

139 Telegram: https://tinyurl.com/2mtvfjm5

140 Correctiv: https://tinyurl.com/ncsk75x3

141 Süddeutsche Zeitung: https://tinyurl.com/32vfps7t

142 Welt: https://tinyurl.com/w9y9xc

143 AfD-Fraktion: https://tinyurl.com/p69ncnnr

144 Uni Konstanz: https://tinyurl.com/y25y83us

145 DIW: https://tinyurl.com/uzt4f9vn

146 Youtube: https://tinyurl.com/432by3nh

147 ARD: https://tinyurl.com/ax7n92zr

148 ZDF: https://tinyurl.com/tzmck4k7

149 Kommunal:https://tinyurl.com/kd3kdz2s

150 Twitter: https://tinyurl.com/4884rvsx

151 Tagesspiegel: https://tinyurl.com/5ss35ucs

152 Facebook: https://tinyurl.com/fz2ee7c4

153 MDR: https://tinyurl.com/2za28z72

154 Welt: https://tinyurl.com/2jn6tyvj

155 Youtube: https://tinyurl.com/279az7na

156 Twitter: https://tinyurl.com/jzpbhnz5

157 Sezession: https://tinyurl.com/ptk3xapk

158 Facebook: https://tinyurl.com/2y46jap6

159 Welt: https://tinyurl.com/3sz95je4

160 Sezession: https://tinyurl.com/nzncj7km

161 Facebook: https://tinyurl.com/4mfd3w8z

162 Welt: https://tinyurl.com/5fxu4s6y

163 Welt: https://tinyurl.com/vjtw39ka

164 Welt: https://tinyurl.com/5ftthp8d

165 Welt: https://tinyurl.com/yb78svy6

166 Ebd.: https://tinyurl.com/euc79d3c

167 Landtag BW: https://tinyurl.com/3tftubaf

168 Zeitungsverlag Waiblingen https://tinyurl.com/56hyetdp

169 Landtag BW: https://tinyurl.com/22n237bt

170 Wolfgang Gedeon: Corona, Crash und Bürgerkrieg. Auf dem Weg in eine globale Diktatur? Rielasingen: WMG-Verlag, 2020. S. 152 f.

171 Landtag BW: https://tinyurl.com/3tftubaf

172 Heinrich Böll Stiftung: https://tinyurl.com/vejkhrsn

173 Twitter: https://tinyurl.com/utbhwb6w

174 AfD: https://tinyurl.com/czanubje /

175 Facebook: https://tinyurl.com/5y9jzss3

176 Tagesspiegel: https://tinyurl.com/a4pnekmf

177 Facebook: https://tinyurl.com/4t7zr2kv

178 A. a. o.: https://tinyurl.com/9vr934te

179 A. a. o.: https://tinyurl.com/2b7xujk8

180 Twitter: https://tinyurl.com/be8d4rsn

181 AfD SH: https://tinyurl.com/kzxm5fkw

182 Bundestag: https://tinyurl.com/z63bz4b4

183 Welt: https://tinyurl.com/5y5t55cm

184 Facebook: https://tinyurl.com/f44t4t8w

185 Open Petition: https://tinyurl.com/x53urr6s

186 Welt: https://tinyurl.com/56bph2d4

187 Facebook: https://tinyurl.com/2na6kja6

188 DW: https://tinyurl.com/njazr7vn

189 Facebook: https://tinyurl.com/dz4nfefb

190 NDR: https://tinyurl.com/557r6m77

191 Bundestag: https://tinyurl.com/vyp9wpja

192 RND: https://tinyurl.com/jn77rzdh

193 Welt: https://tinyurl.com/4dfhvt8z

194 Twitter: https://tinyurl.com/88j3vrme

195 Welt: https://tinyurl.com/5ya326b4

196 Jeannette Auricht: https://tinyurl.com/kpu5cpma

197 Twitter: https://tinyurl.com/a2hzd8ku
und Subtitlelist: https://tinyurl.com/pw9awe

198 Welt: https://tinyurl.com/jwms66jk

199 Twitter: https://tinyurl.com/22xnjjs4

200 Welt: https://tinyurl.com/r9zvn8zc

201 Süddeutsche Zeitung: https://tinyurl.com/xutkt8wt

202 Facebook: https://tinyurl.com/wd9u4tax

203 Facebook: https://tinyurl.com/3h59uuyz

204 Tagesschau: https://tinyurl.com/28yhs3fw

205 Youtube: https://tinyurl.com/csrneat9

206 Welt: https://tinyurl.com/2dn65k3c

207 Welt: https://tinyurl.com/tsupavhj

208 Zeit: https://tinyurl.com/2ywxk5a8

209 Tagesspiegel Potsdam: https://tinyurl.com/zbyw5dc9

210 Facebook: https://tinyurl.com/29dmdjwz

211 Sezession: https://tinyurl.com/3j4abn9h

212 Sezession: https://tinyurl.com/ykxfypta

213 Welt: https://tinyurl.com/3ca9nzsn

214 Twitter: https://tinyurl.com/hxejuk5m

215 WDR: https://tinyurl.com/5yjcbmy7

216 Ministerium für Inneres, Digitalisierung und Migration
BW: https://tinyurl.com/792ycbts

217 Welt: https://tinyurl.com/b3k2j4yp

218 RND: https://tinyurl.com/vbcbewpc

219 Telegram: https://tinyurl.com/53w7scma

Rechte Flügelschläge aus dem Hinterhalt:
Laut, extremistisch und gut organisiert –
Die akute Gefahr der steigenden
Radikalisierung

Eva Kienholz
Ihr Kampf
Wie Höcke & Co.
die AfD radikalisieren

160 Seiten, brosch.
16,00 €
ISBN 978-3-360-01367-5

E-Book 13,00 €
ISBN 978-3-360-50172-1

Völkisch, nationalistisch, unberechenbar: Der »Flügel« um Björn Höcke, die Sammlungsbewegung der äußersten Rechten in der AfD, ist trotz der offiziell verkündeten Auflösung nach wie vor ein wichtiger Machtfaktor und Radikalisierungsmotor. Die Journalistin Eva Kienholz hat undercover Veranstaltungen des Flügels und der Neuen Rechten besucht. Ihre Analysen belegen: Höcke & Co. unterwandern die AfD – und könnten schon bald die gesamte Partei übernehmen. Wer in naher Zukunft der gefährlichste Mann Deutschlands werden könnte, warum der Aufstieg einst tot geglaubte Rechtsextreme wieder ins Zentrum des politischen Geschehens rückt und wie es so weit kommen konnte – all das verrät dieses Buch.

»Prepper und Corona:
Die Stunde der Urbanophobie«

Frankfurter Allgemeine Zeitung

Gabriela Keller
**Bereit für den
Untergang: Prepper**
240 Seiten, geb.
mit Abb.

18,00 €
ISBN 978-3-360-01372-9

E-Book 14,99 €
ISBN 978-3-360-50178-3

Spätestens seit im Frühjahr 2020 Lebensmittel in den Super-
märkten knapp wurden, kennen wir alle dieses Gefühl der Unsicherheit: Müssen wir Angst um unser Versorgungssystem haben? Müssen wir vorsorgen, also preppen? Die Coronakrise hat
Prepping zu einem Massenphänomen gemacht. Die prämierte
Autorin beleuchtet erstmals eine schillernde Bewegung, die das
gesamte Spektrum der Gesellschaft durchzieht: Prepper sind
Durchschnittsbürger, Sonderlinge, Außenseiter mit Hang zur
Weltuntergangsstimmung, Verschwörungsideologen, Rechtsextreme und militaristisch orientierte Pfadfindernaturen, die die
Macht an sich reißen und die Städte plündern wollen. Sie alle eint
das Warten auf den Tag X, an dem nichts mehr so ist wie bisher.

Das Neue Berlin –
eine Marke der Eulenspiegel Verlagsgruppe Buchverlage

ISBN 978-3-360-01377-4

1. Auflage 2021
© Eulenspiegel Verlagsgruppe Buchverlage GmbH, Berlin

Umschlaggestaltung: Buchgut, Berlin,
unter Verwendung eines Fotos von mauritius images /
Jose ramon polo lopez / Alamy
Druck und Bindung: buchdruckerei.de, Berlin

www.eulenspiegel.com